Caderno do Futuro

A evolução do caderno

GEOGRAFIA

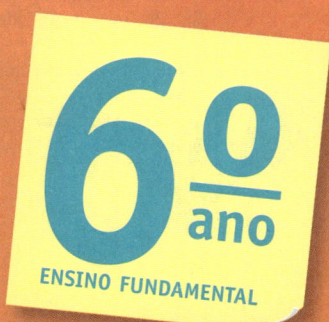

6º ano
ENSINO FUNDAMENTAL

3ª edição
São Paulo - 2013

Coleção Caderno do Futuro
Geografia
© IBEP, 2013

Diretor superintendente	Jorge Yunes
Gerente editorial	Célia de Assis
Editor	Renata Regina Buset
Assistente editorial	Felipe Passos
	Karina Danza
Revisão	André Odashima
	Berenice Baeder
	Luiz Gustavo Bazana
Coordenadora de arte	Karina Monteiro
Assistente de arte	Marilia Vilela
	Nane Carvalho
	Carla Almeida Freire
Coordenadora de iconografia	Maria do Céu Pires Passuello
Assistente de iconografia	Adriana Neves
	Wilson de Castilho
Ilustrações	Dawidson França
	Luís Moura
	Paulo Manzi
Cartografia	View Produção
	Mario Yoshida
Produção gráfica	José Antônio Ferraz
Assistente de produção gráfica	Eliane M. M. Ferreira
Projeto gráfico	Departamento de Arte Ibep
Capa	Departamento de Arte Ibep
Editoração eletrônica	N-Publicações

CIP-BRASIL. CATALOGAÇÃO-NA-FONTE
SINDICATO NACIONAL DOS EDITORES DE LIVROS, RJ

P682g
3.ed

Piffer, Osvaldo Liscio de Oliveira
    Geografia : 6º ano / Osvaldo Liscio de Oliveira Piffer. - 3. ed. - São Paulo : IBEP, 2013.
        il. ; 28 cm   (Caderno do futuro)

    ISBN 978-85-342-3560-0 (aluno) - 978-85-342-3564-8 (mestre)

    1. Geografia - Estudo e ensino (Ensino fundamental). I. Título. II. Série.

12-8679.   CDD: 372.891
                                            CDU: 373.3.016:9

27.11.12   03.12.12   041059

3ª edição - São Paulo - 2013
Todos os direitos reservados.

Av. Alexandre Mackenzie, 619 - Jaguaré
São Paulo - SP - 05322-000 - Brasil - Tel.: (11) 2799-7799
www.editoraibep.com.br   editoras@ibep-nacional.com.br

Impressão - Gráfica Capital - Novembro 2016

SUMÁRIO

GEOGRAFIA E PAISAGEM
1. A paisagem natural e a paisagem transformada 4
2. A construção do espaço geográfico 10

INSTRUMENTOS DO TRABALHO GEOGRÁFICO
3. Os meios de orientação 14
4. Coordenadas geográficas 18
5. Fusos horários 27
6. Cartografia e representação da paisagem 32
7. Mapas e escalas 39

A DINÂMICA DA NATUREZA
8. O relevo e seus agentes 45
9. Hidrografia 57
10. Clima 66
11. Vegetação 75

A DINÂMICA DA SOCIEDADE
12. População 82
13. Migração 92

O CONTEXTO ECONÔMICO
14. As atividades agrícolas 97
15. As atividades criatórias 99
16. As atividades de extração 106
17. As indústrias de transformação 113
18. Transportes 119
19. A atividade comercial 125

ESCOLA

NOME

PROFESSOR

HORA	SEGUNDA	TERÇA	QUARTA	QUINTA	SEXTA	SÁBADO

PROVAS E TRABALHOS

GEOGRAFIA E PAISAGEM

1. A paisagem natural e a paisagem transformada

Paisagem é tudo o que podemos ver numa simples olhada ao nosso redor.

Os principais elementos naturais que formam a paisagem são o relevo, a vegetação, os rios, os lagos e os oceanos.

Todos os elementos naturais formam o que chamamos de **paisagem natural**. Quando o ser humano interfere nos processos da natureza, ele transforma a paisagem natural em uma **paisagem transformada**.

Nesse momento, a paisagem passa a ter história social, pois as pessoas, de acordo com seus costumes, sua cultura, vão, ao longo do tempo, construindo seu **espaço**.

Essa construção do **espaço geográfico** é estudada na Geografia. A **observação da paisagem** é o primeiro passo para esse estudo. Mas a investigação dos processos físicos, biológicos e humanos que resultaram na paisagem observada é que vai nos ajudar a compreender as condições naturais e sociais do mundo em que vivemos.

Paisagem natural.

Paisagem transformada.

1. O que é paisagem?

2. Quais são os elementos naturais da paisagem?

3. Observe a ilustração, descreva os elementos da paisagem e dê exemplos.

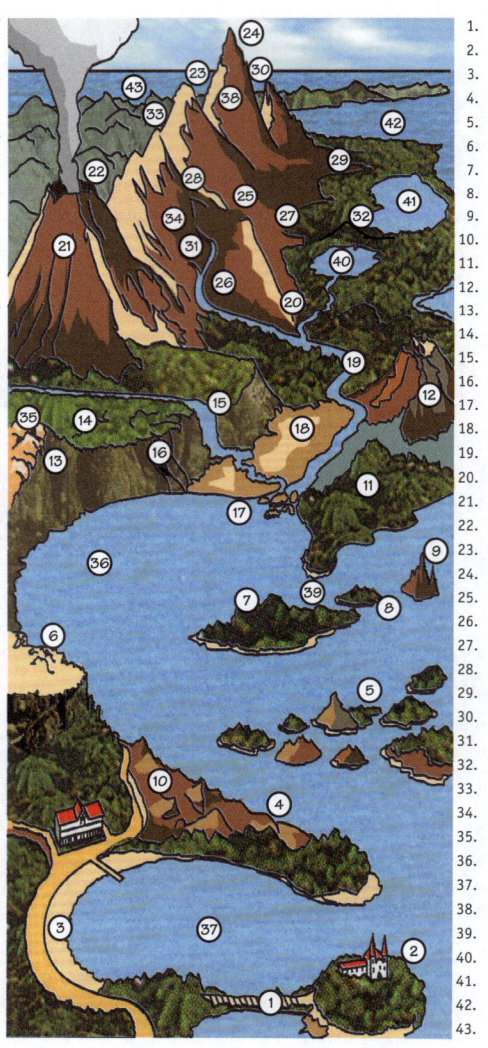

1. ISTMO
2. PENÍNSULA
3. PRAIA BALNEÁRIA
4. CABO
5. ARQUIPÉLAGO
6. ASSENTO
7. ILHA
8. ILHOTA
9. RECIFES
10. CORTE
11. MORRO
12. VULCÃO EXTINTO
13. PENHASCO
14. PLANALTO
15. CACHOEIRA
16. GRUTA
17. FOZ
18. PÂNTANO
19. RIO
20. CONFLUÊNCIA
21. VULCÃO
22. CRATERA
23. CUME
24. PICO
25. CONTRAFORTE
26. VALE
27. SOPÉ
28. VERTENTE
29. PLANÍCIE
30. GARGANTA
31. AFLUENTE
32. COLINA
33. SERRA
34. FRALDAS
35. ROCHEDO
36. GOLFO
37. BAÍA
38. MONTANHA
39. ESTREITO
40. LAGOA
41. LAGO
42. MAR
43. OCEANO

Dica: consulte um dicionário, um atlas e os mapas no Miniatlas, no final do Caderno, para fazer esta atividade.

a) O que é ilha?

b) O que é arquipélago?

c) O que é ilhota ou ilhéu?

d) O que é istmo?

e) O que é praia?

f) O que é montanha?

g) O que é colina?

h) O que é pico?

i) O que é serra?

j) O que é vulcão?

k) O que é golfo?

l) O que é estreito?

m) O que é rio?

n) O que é foz de rio?

o) O que é lago?

p) O que é cachoeira?

4. Qual é a diferença entre paisagem natural e paisagem transformada?

5. Quais são os elementos da paisagem transformada?

6. Relacione os elementos contidos na paisagem onde se encontra sua escola. Classifique-os em elementos da paisagem transformada e da paisagem natural.

7. Identifique, na figura abaixo, alguns elementos da paisagem transformada. Em seguida, utilizando as palavras do quadro abaixo, escreva nas linhas correspondentes os elementos da paisagem que você identificou.

aeroporto	estrada	porto
cidade	indústria	rede elétrica
comporta	pastagens	túnel
cultivos	ponte	usina
eclusa	represa	vila

ELEMENTOS DA PAISAGEM TRANSFORMADA

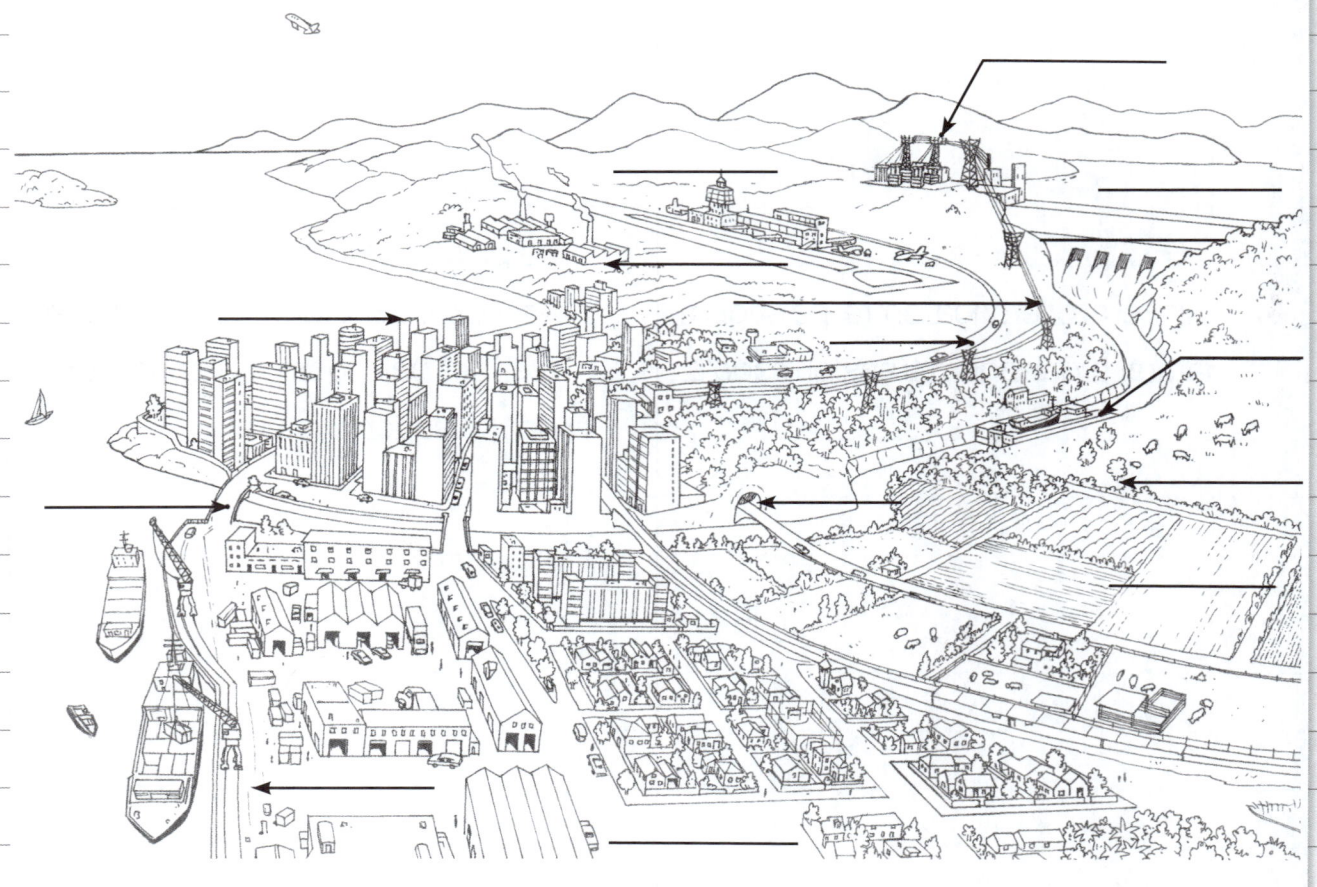

8. Agora, pense em mudanças provocadas pelo ser humano na paisagem natural de sua cidade e que não aparecem nesse desenho. Identifique-as e escreva-as a seguir.

9. Complete corretamente o diagrama a seguir com nomes de elementos e atividades típicos da paisagem transformada.

A. Local apropriado à aterrissagem e decolagem de aeronaves.

B. Estrada de rodagem.

C. Povoação de importância intermediária entre a cidade e a aldeia.

D. Setor da economia responsável pela transformação de matérias-primas em bens elaborados, destinados ao consumo.

E. Aglomeração urbana com população superior a alguns milhares de habitantes, sede de municípios, no Brasil.

F. Arte e ciência do cultivo da terra com fins econômicos.

G. Acúmulo de água obtido pela interrupção de uma corrente por meio de barragem.

H. Porta móvel de dique, represa, açude etc.

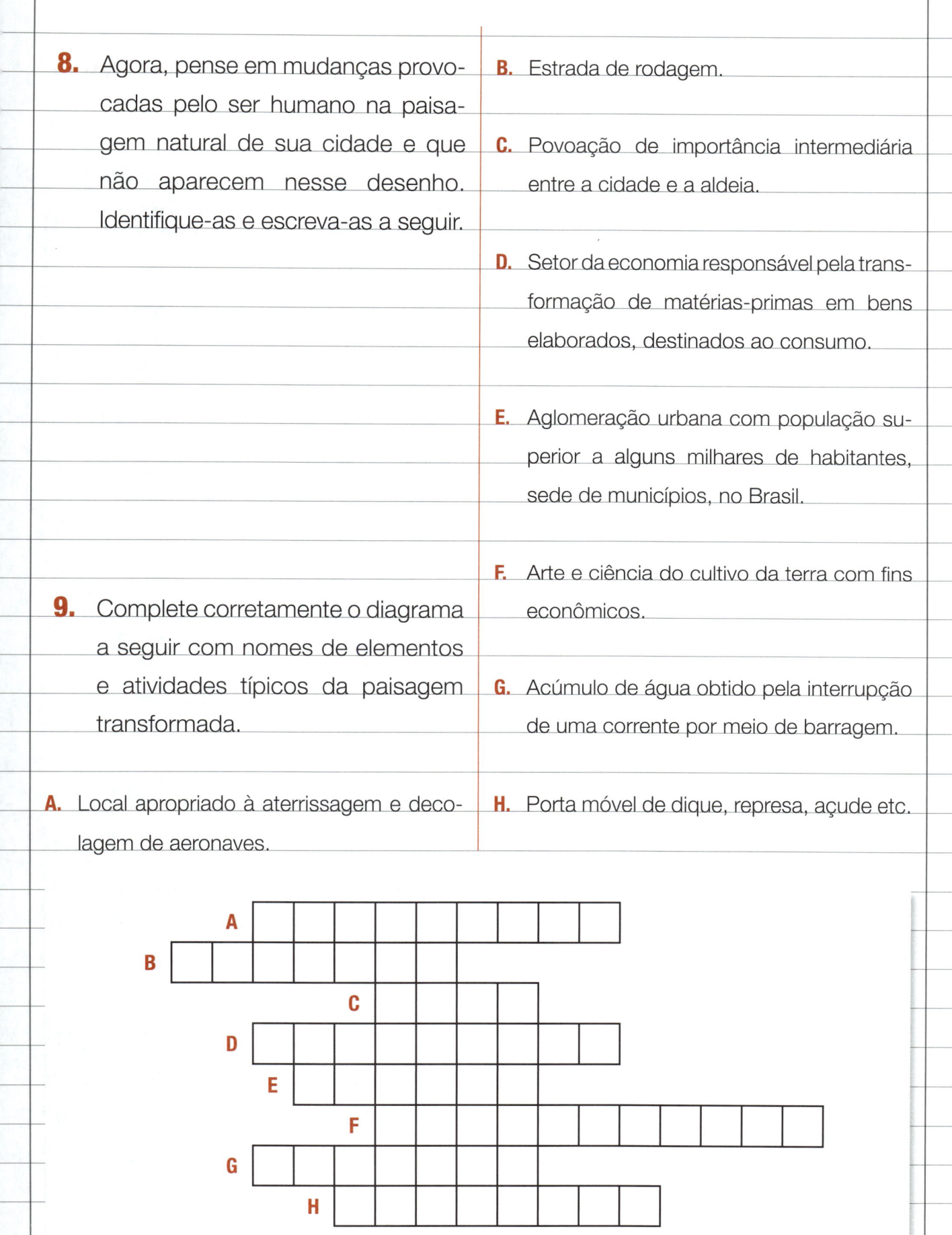

10. Converse com uma pessoa idosa de sua família ou de sua comunidade sobre o passado do lugar onde você mora. Peça a ela que descreva como era essa paisagem antigamente e observe suas opiniões sobre as mudanças. Depois, escreva um texto com o tema: "As transformações no lugar onde moro".

2. A construção do espaço geográfico

O **espaço geográfico** não é formado só por aquilo que podemos ver. Ele contém ainda aquilo que não é visível. As relações que os seres humanos mantêm uns com os outros também fazem parte do espaço geográfico. De modo geral, o trabalho se tornou o centro das relações sociais. Por meio dele as pessoas produzem coisas necessárias para a nossa sociedade e mantêm relações entre si.

Historicamente **trabalho** é toda atividade humana voltada para a transformação da natureza, com o objetivo de satisfazer as necessidades de sobrevivência.

Essa transformação do espaço natural por meio do trabalho resulta na **produção do espaço geográfico**.

Se a construção do espaço geográfico se faz pelo trabalho, então a forma como ele se realiza, ou seja, o seu modo de produção, pode definir as características do espaço geográfico.

Assim, encontramos, por exemplo, espaços com concentração de indústrias, de produção agropecuária, de estabelecimentos comerciais e de residências.

1. Além da paisagem, que é a representação daquilo que se pode visualizar, que outro elemento faz parte do espaço geográfico?

2. Por que o trabalho é um dos elementos de transformação do espaço geográfico?

3. Observe as duas imagens: uma delas representa o espaço geográfico em que vivia o ser humano na Idade Média, e a outra, o espaço geográfico do ser humano atual. Compare-as e responda às questões a seguir.

Musée Condé, Chantilly, France

Representação de camponeses trabalhando no sistema feudal. *Primavera na fazenda*, de Limbourg Brothers, século XV.

Iara Venanzi/Olhar Imagem

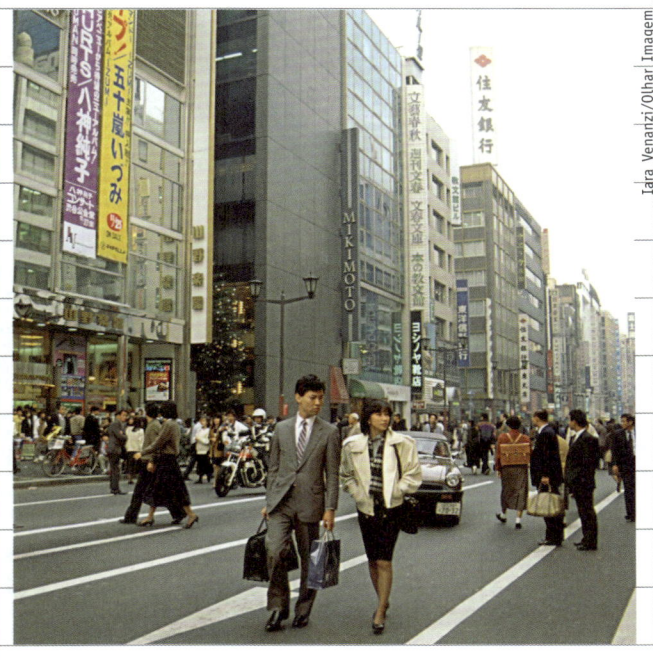

Seres humanos em dias atuais.

a) O que mudou?

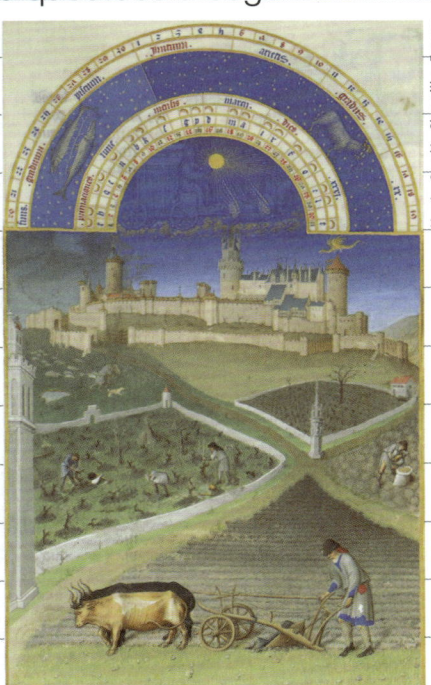

b) Quais as necessidades que levaram a essas mudanças?

4. O que é espaço geográfico?

5. Diferencie paisagem de espaço geográfico.

6. Observe a paisagem representada na foto e escreva em que condições você imagina que estão os seus elementos naturais.

Vista aérea da construção da usina hidrelétrica de Belo Monte, rio Xingu, PA, 2012.

7. A figura a seguir representa uma paisagem transformada e os problemas ambientais causados pela construção do espaço geográfico. Ao colorir a figura, identifique esses problemas, localizando-os na paisagem. Exemplos: erosão, desmatamento, poluentes industriais, poluição do ar, esgotos, resíduos industriais, acúmulo de lixo etc.

8. Quais desses problemas existem onde você mora? Identifique-os e proponha soluções para eles.

9. Desenhe uma paisagem transformada do local onde você mora. Depois, escreva uma legenda para ele.

# INSTRUMENTOS DO TRABALHO GEOGRÁFICO

3. Os meios de orientação

Desde o início de sua história, o ser humano sempre teve necessidade de orientar-se no espaço em que vive.

Observando as modificações que ocorriam na natureza, os seres humanos perceberam a regularidade com que os astros – como o Sol e a Lua – aparentemente se movimentavam no céu.

O lado em que o Sol "surge" no horizonte aos olhos de um observador localizado na superfície terrestre é chamado **nascente**, e o lado em que ele se "põe" é chamado **poente**.

Utilizando o Sol como referência, podemos definir as direções cardeais.

Ilustração fora de escala.

O Sol "surge" do lado leste de um observador localizado na superfície terrestre.

O lado em que o Sol "surge" no horizonte é o leste, e o lado em que ele se "põe" é o oeste. A partir daí, podemos determinar as direções cardeais.

N – norte
S – sul
L – leste
O – oeste

Algumas estrelas e constelações que se destacam no céu também passaram a ser utilizadas para indicar direções como o Cruzeiro do Sul, no hemisfério Sul, e a Estrela Polar, no hemisfério Norte.

Para atender à necessidade de uma orientação mais precisa, foram estabelecidos os pontos colaterais e os subcolaterais.

A rosa dos ventos é um instrumento de orientação, construído a partir dos pontos cardeais e colaterais.

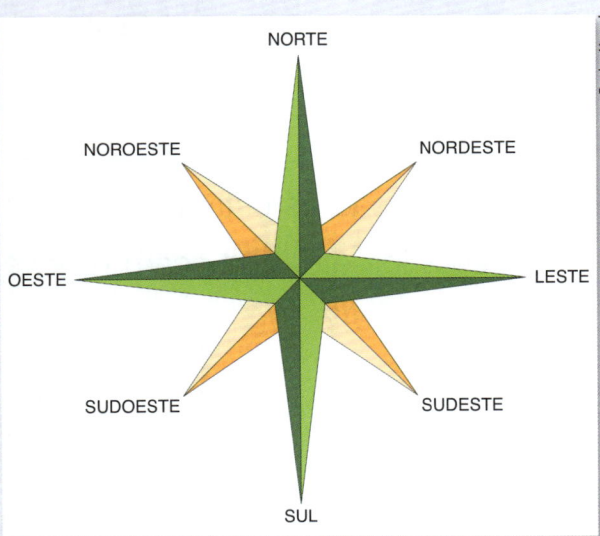

Cardeais
N – norte
S – sul
L – leste
O – oeste

Colaterais
NE – nordeste
SE – sudeste
SO – sudoeste
NO – noroeste

1. Se você estiver olhando de frente para o lado onde o Sol "nasce", terá:

a) à sua direita, o _____.

b) à sua esquerda, o _____.

c) à sua frente, o _____.

d) atrás, o _____.

2. Complete as lacunas com as seguintes palavras:

Sol – Cruzeiro do Sul – cardeais

- A rosa dos ventos é um instrumento de orientação construído a partir dos pontos _____ e colaterais.
- Algumas estrelas e constelações que se destacam no céu também passaram a ser utilizadas para indicar direções como o _____, no hemisfério Sul.
- O lado em que o _____ "surge" no horizonte é chamado de nascente.

3. Na figura a seguir, está representada a constelação do Cruzeiro do Sul. Observe que foi traçada uma linha imaginária cortando a estrela de Magalhães (a mais brilhante) e prolongando quatro vezes e meia o comprimento do braço maior da cruz. Depois, descendo em linha reta na vertical até tocar o horizonte, encontrou-se a direção aproximada do polo Sul.

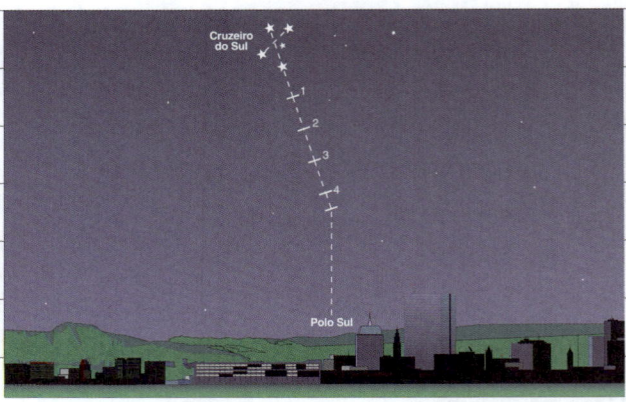

a) Escreva o nome dessa direção.

b) Localize os pontos cardeais no desenho.

4. Escolha um local próximo de sua moradia e dê a sua orientação.

a) A frente de sua moradia está voltada para qual direção?

b) Quais são os estabelecimentos, edifícios etc. que ficam na direção norte?

c) E na direção sul?

d) E na direção leste?

5. Faça o desenho de sua escola e identifique os pontos cardeais, localizando o que está situado a norte, a sul, a leste e a oeste da escola.

6. Sem copiar da figura apresentada anteriormente, usando apenas a lógica da localização, coloque na rosa dos ventos as abreviaturas dos pontos: cardeais e colaterais.

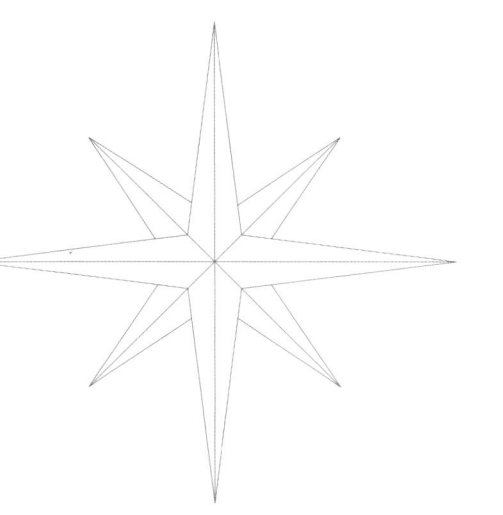

7. Observe a ilustração a seguir e indique as direções em que estão localizados os elementos citados.

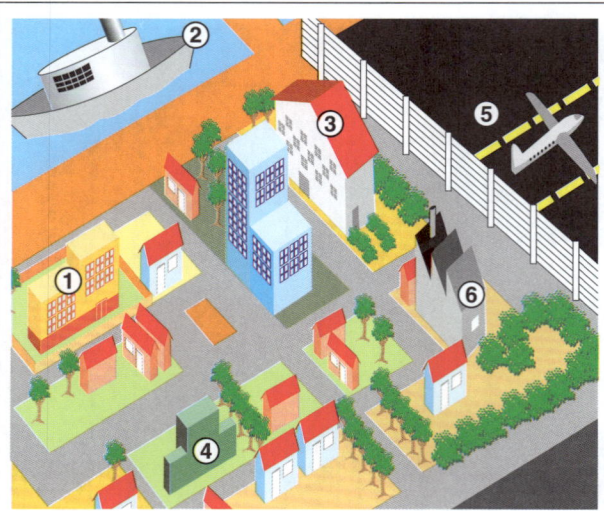

LEGENDA
1 – ESCOLA
2 – PORTO
3 – HOSPITAL
4 – TEATRO
5 – AEROPORTO
6 – FÁBRICA

a) A escola situa-se a _____.

b) O porto fica na direção _____.

c) O hospital localiza-se a _____.

d) O teatro fica a _____.

e) O aeroporto situa-se a _____.

f) A fábrica fica a _____.

8. Pinte a rosa dos ventos:

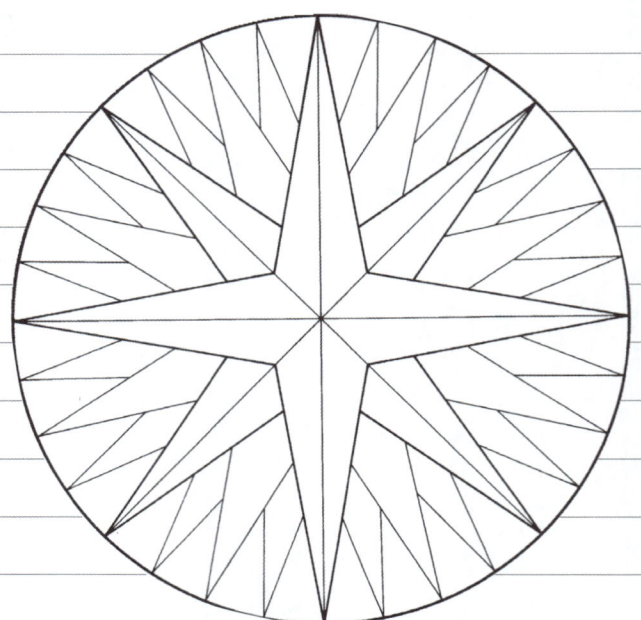

a) De vermelho os pontos cardeais.
b) De laranja os pontos colaterais.

4. Coordenadas geográficas

OS PARALELOS

São círculos imaginários paralelos ao Equador.

O Equador é um círculo máximo, o paralelo central que separa dois hemisférios: o Norte e o Sul.

A LATITUDE

Latitude é a medida em graus da distância de qualquer ponto da Terra à linha do **Equador.**

Sua grandeza pode variar entre zero grau (0°), no Equador, e noventa graus (90°), nos polos. É latitude norte – **LN** – no hemisfério Norte e latitude Sul – **LS** – no hemisfério Sul.

OS MERIDIANOS

Os meridianos são círculos imaginários traçados no globo terrestre, que passam pelos dois polos e cruzam o Equador e todos os paralelos.

Todos os meridianos apresentam o mesmo comprimento, ou seja, pouco mais de 40.000 km.

Qualquer meridiano divide a Terra em dois hemisférios, e um deles foi escolhido para ser o meridiano inicial: é o **Meridiano de Greenwich**, que passa nas proximidades da cidade de Londres, na Inglaterra.

O Meridiano Inicial ou de Greenwich separa os hemisférios Leste (ou oriental) e Oeste (ou ocidental).

A LONGITUDE

Cada meridiano traçado representa um número de graus, que é chamado de **longitude**.

A longitude de um lugar é a distância em graus entre esse lugar e o Meridiano Inicial.

Ela varia de zero grau (0°), no Meridiano Inicial ou de Greenwich, a cento e oitenta graus (180°), no Meridiano da **LID – Linha Internacional da Data** –, e pode ser leste (East) ou oeste (West).

A longitude pode ser leste – **LnE** – no hemisfério Leste e oeste – **LnW** – no hemisfério Oeste.

Cada grau (°) de longitude e de latitude é dividido em 60 minutos ('), e cada minuto é dividido em 60 segundos (").

A cidade de Brasília, capital federal do Brasil, está localizada a 47°55'47" LnW, isto é, 47 graus, 55 minutos e 47 segundos de longitude oeste; e a 15°46'47" LS, isto é, 15 graus, 46 minutos e 47 segundos de latitude sul.

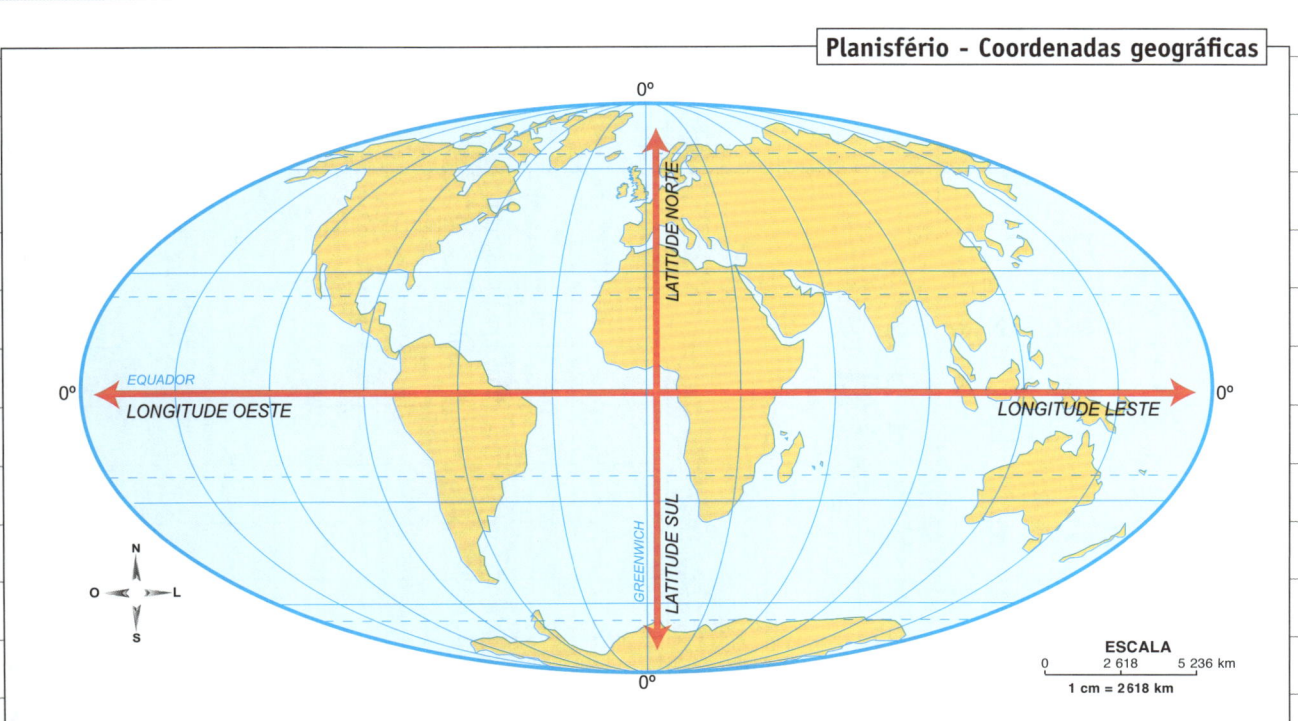

Planisfério - Coordenadas geográficas

Fonte: *Atlas geográfico*. São Paulo: Melhoramentos, 2002.

1. Observe um planisfério político.

a) Com base na rede de paralelos e de meridianos da ilustração, vamos conhecer as coordenadas geográficas dos pontos localizados.

b) Imagine que você é um piloto de avião e tem de fazer escalas nesses pontos.

> **Escalas** – lugares de parada de qualquer meio de transporte de viajantes.

c) Desenhe seu avião e o caminho que ele percorreu, seguindo a sequência dos pontos.

d) Observe um planisfério político e descubra onde se localizam os pontos.

A =

B =

C =

D =

E =

F =

G =

H =

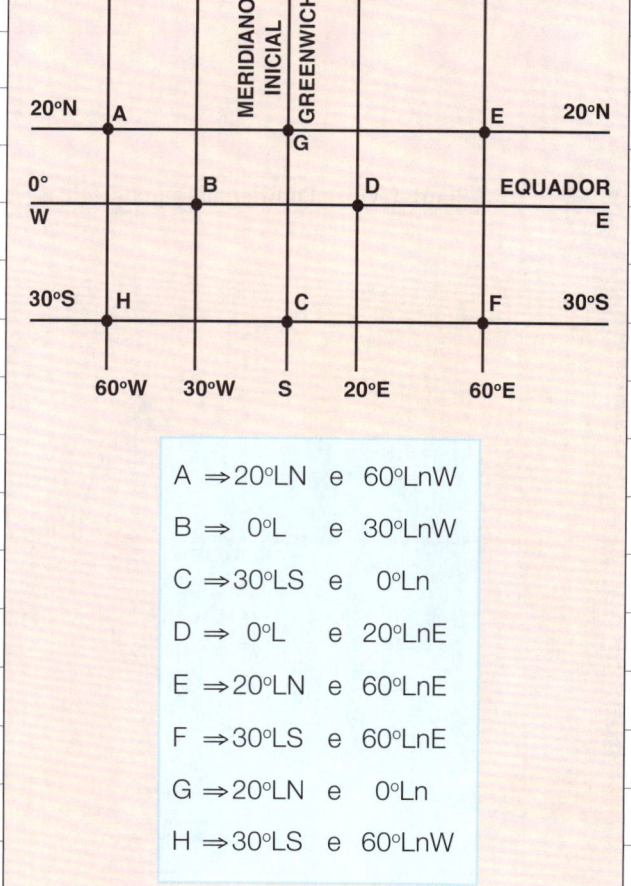

A ⇒ 20°LN e 60°LnW
B ⇒ 0°L e 30°LnW
C ⇒ 30°LS e 0°Ln
D ⇒ 0°L e 20°LnE
E ⇒ 20°LN e 60°LnE
F ⇒ 30°LS e 60°LnE
G ⇒ 20°LN e 0°Ln
H ⇒ 30°LS e 60°LnW

e) Será possível descer em todos eles?

2. Considerando que, além do Equador, existem mais quatro paralelos com nomes próprios:

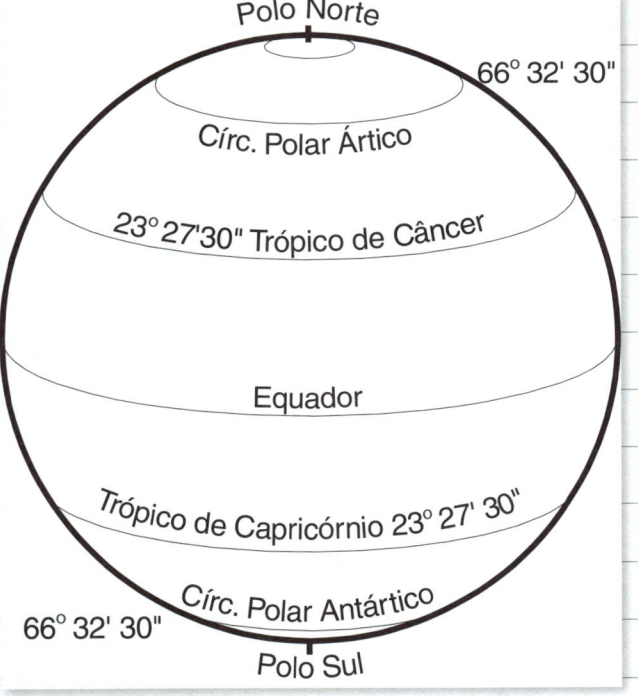

- o Trópico de Câncer, localizado na latitude 23°27'30"N;
- o Trópico de Capricórnio, localizado na latitude 23°27'30"S;
- o Círculo Polar Ártico, localizado na latitude 66°32'30"N;
- o Círculo Polar Antártico, localizado na latitude 66°32'30"S.

Considerando que os dois círculos polares estão distantes 23°27'30" dos seus polos, observe um planisfério e marque a alternativa correta no texto a seguir.

As regiões de altas latitudes estão:
a) entre os círculos polares e os trópicos;
b) próximas ao Equador;
c) próximas aos polos;
d) entre o Equador e os trópicos;
e) entre os círculos polares e o Equador.

Justifique sua resposta.

3. Observe as figuras da página seguinte.

a) Pinte cada continente de uma cor suave.

b) Identifique e escreva nos globos os nomes dos oceanos e dos dois círculos máximos que dividem a Terra (se precisar, consulte um planisfério).

c) Localize e escreva nos lugares correspondentes: Trópico de Câncer e Trópico de Capricórnio.

d) Pinte de vermelho o paralelo de 0º.

e) Escreva o nome dos outros dois paralelos principais: Círculo Polar Ártico e Círculo Polar Antártico.

f) Pinte de verde o meridiano de 0º.

g) Escreva os nomes dos lugares para onde as setas apontam.

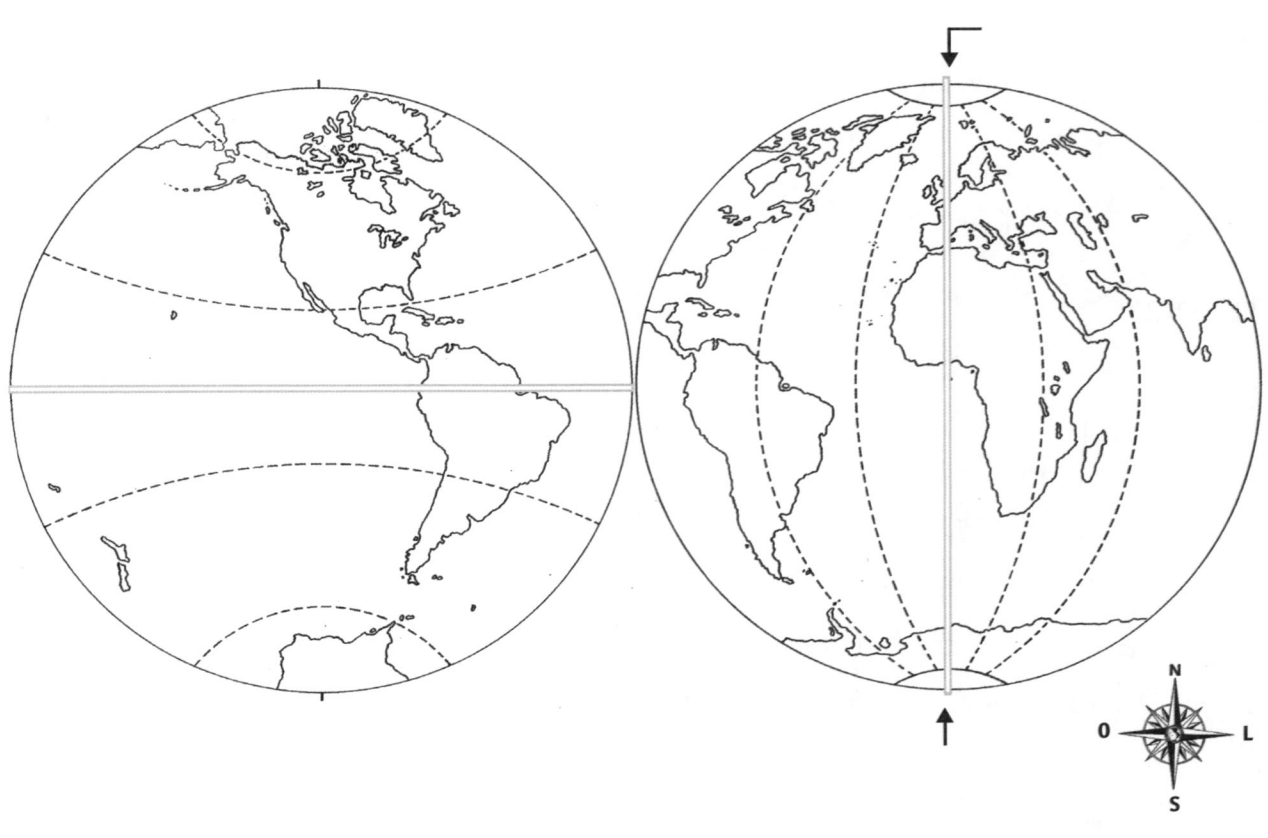

Paralelos e meridianos

Fonte: *Atlas geográfico escolar*. Rio de Janeiro: IBGE, 2009.

4. Complete as lacunas.

a) Paralelos são linhas _____.

b) O maior paralelo é o _____.

c) Os _____ tornam-se menores à medida que se afastam do _____ e se aproximam dos polos.

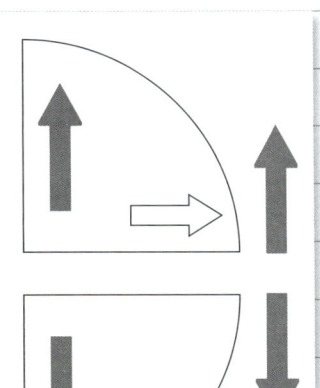

d) A medida dos paralelos vai de 0 a _____ graus, no sentido _____ e no sentido _____, a partir da linha do Equador.

e) Os _____ são linhas imaginárias que passam pelos dois polos, dando a volta completa na Terra.

f) A medida dos meridianos vai de 0 até _____ graus no sentido _____ e no sentido _____, a partir do Meridiano de Greenwich.

g) Os paralelos principais que atravessam o território brasileiro são: _____.

5. Observe o gráfico a seguir e compare-o ao globo terrestre.

a) Pinte de azul o quadro correspondente à parte oeste do hemisfério Sul.

b) Identifique e escreva no gráfico o meridiano e o paralelo que dividem o globo terrestre em hemisférios.

c) Identifique e escreva no gráfico o nome desses hemisférios.

6. Complete o mapa abaixo com as orientações dos itens a seguir.

a) Pinte de azul a parte do mapa correspondente à água.

b) Contorne o mapa do Brasil.

c) Pinte de laranja as terras do hemisfério em que se localiza a maior parte do Brasil, que é o hemisfério _____.

d) Escreva no mapa o nome do trópico que passa por terras brasileiras.

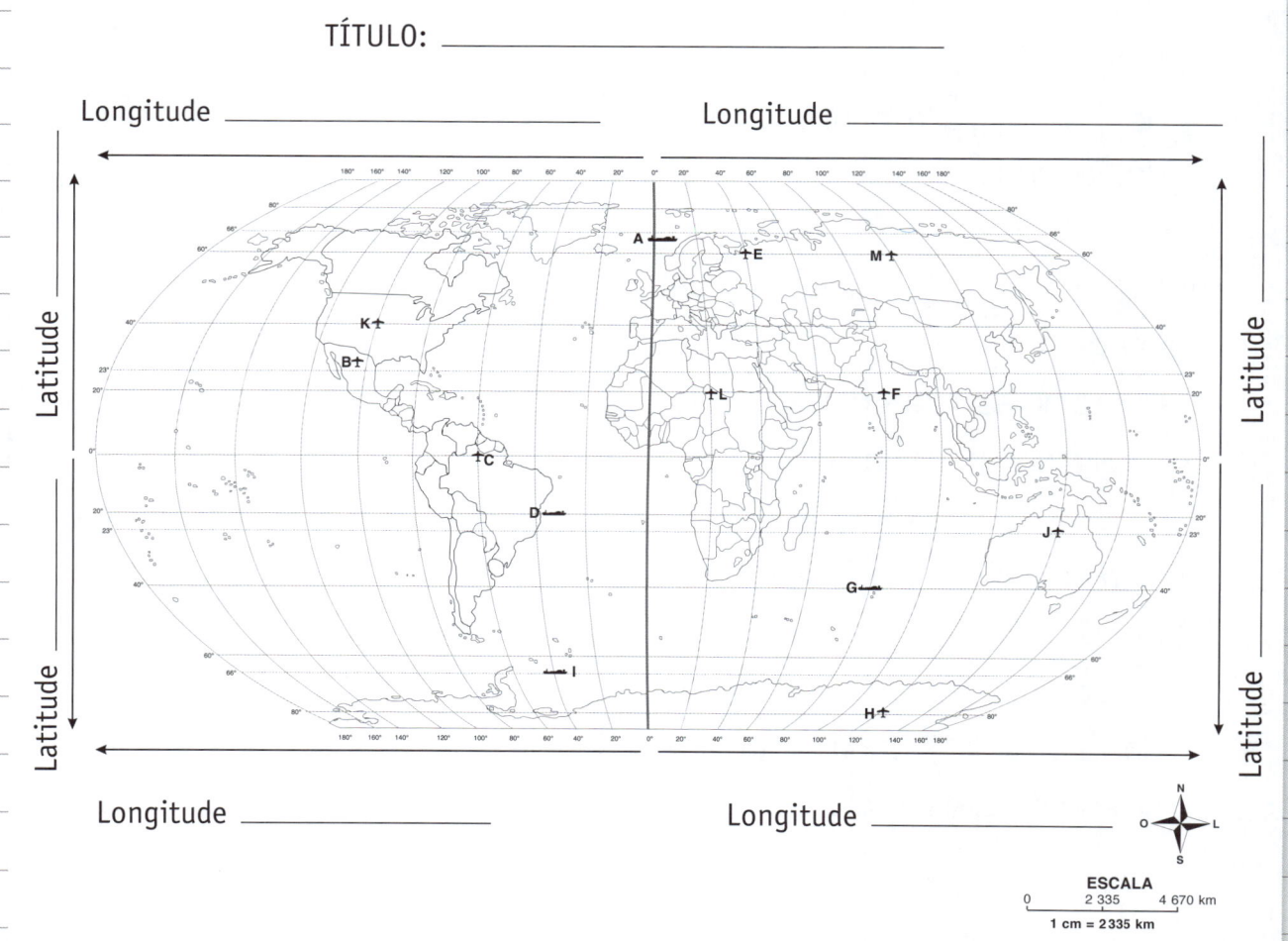

Fonte: *Atlas geográfico escolar*. Rio de Janeiro: IBGE, 2009.

e) Localize no mapa o Trópico de Câncer, o Círculo Polar Ártico e o Círculo Polar Antártico.

f) Escreva no mapa os nomes do paralelo e do meridiano que dividem a Terra em dois hemisférios.

g) Pinte de amarelo as terras do hemisfério Norte a leste, de verde as terras do hemisfério Sul a leste e de roxo as terras do hemisfério Norte a oeste.

h) Desenhe no mapa uma circunferência, no hemisfério Sul a leste.

i) Desenhe no mapa um quadrado, no hemisfério Norte a oeste.

j) Complete com as palavras **norte, sul, leste** e **oeste** as setas das latitudes e longitudes no mapa.

k) Escreva um título que corresponda às informações representadas no mapa.

l) Identifique a posição (latitude e longitude) dos aviões e dos navios que estão no mapa da página anterior.

	Latitude	Longitude
A		
B		
C		
D		
E		
F		
G		
H		
I		
J		
K		
L		
M		

7. Pesquise em um planisfério e descubra quais são os países que os aviões sobrevoam no mapa.

B –

C –

E –

F –

H –

J –

K –

L –

M –

8. Pesquise no atlas e responda às perguntas.

a) Qual é o mais importante meridiano da Terra?

b) Qual é o paralelo mais extenso?

c) Quais são os dois paralelos importantes que atravessam as terras brasileiras?

d) Qual é o paralelo de 0°?

CONHECENDO MAIS

O Sistema GPS

A tecnologia atual permite que qualquer pessoa se localize no planeta com uma precisão nunca imaginada por navegantes e aventureiros até bem pouco tempo.

O GPS (Global Positioning System) – Sistema de Posicionamento Global – foi concebido pelo Departamento de Defesa dos EUA no início da década de 1960. Consiste de 24 satélites que orbitam a Terra duas vezes por dia e emitem sinais de rádio com códigos de precisão.

Foto de GPS atual.

5. Fusos horários

Os fusos horários ou zonas horárias compreendem as faixas teoricamente limitadas por meridianos, que se estendem do polo Norte ao polo Sul.

Cada fuso horário corresponde a 15 graus (15°); assim, os 24 fusos horários totalizam os 360 graus (360°) da circunferência terrestre. Por causa de questões políticas ou de fronteiras nacionais de vários países, as formas dos fusos horários podem ser bastante irregulares. Observe no mapa.

Planisfério - Fusos horários

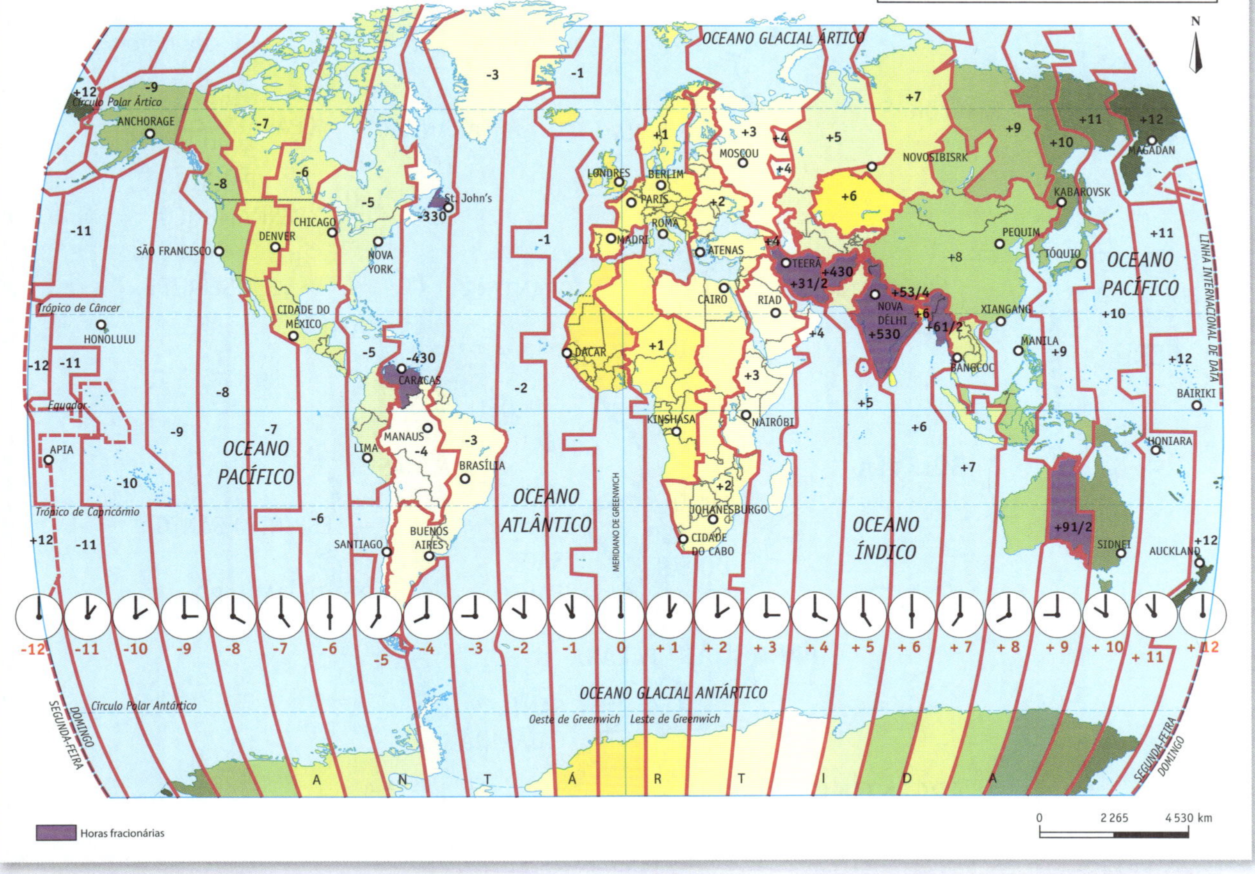

Fonte: *Atlas geográfico escolar*. Rio de Janeiro: IBGE, 2009.

A diferença de horas

Como o Sol "surge" no horizonte no lado leste e se "põe" no lado oeste, os países localizados a leste estão mais adiantados que os lugares localizados a oeste.

Isso significa que a **diferença de horas** de um lugar para outro depende da **distância leste-oeste** entre esses dois lugares.

O Brasil é atravessado por três fusos horários, todos eles atrasados em relação ao fuso horário de GMT (Greenwich Meridian Time - Hora do Meridiano de Greenwich), pois o nosso país está localizado a oeste de Greenwich.

Brasil – Fusos horários

Fonte: *Atlas geográfico escolar*. Rio de Janeiro, IBGE, 2009.

Quando em Londres, ou em qualquer lugar do fuso GMT (Greenwich Meridian Time – Hora do Meridiano de Greenwich), o relógio estiver marcando 12h ou meio-dia, teremos:

- 9h na maior parte do Brasil (hora nacional);
- 21h ou 9h da noite no Japão;
- 24h ou meia-noite no fuso da LID – Linha Internacional da Data (180°).

Em países de grandes territórios, existem, às vezes, muitos fusos horários. A Rússia, o país mais extenso do mundo, é atravessado por 11 fusos horários.

Atenção: por causa do horário de verão adotado em alguns lugares, é necessário fazermos adaptações de cálculo para muitos países em determinadas épocas do ano.

Vamos treinar o cálculo matemático, solucionando o problema:

Um avião sai da cidade de Belo Horizonte às 10h. Desce em Brasília após uma hora de voo. Depois de uma hora de parada, ruma para Cuiabá, aonde chega após duas horas de voo. Depois de uma hora de parada, levanta voo em direção a Rio Branco, aonde chega após três horas de viagem.

As questões a seguir lhe darão um bom relatório.

Fonte: *Atlas geográfico escolar*. Rio de Janeiro: IBGE, 2009.

1. Tente representar a viagem, interligando os pontos que correspondem às capitais citadas no problema. Desenhe o avião nas suas três direções: A, B e C.

a) Que direção o avião tomou?

(Se você quiser ser mais preciso, utilize os conhecimentos sobre direção com base na rosa dos ventos.)

b) A que horas o avião chegou a Brasília?

c) A que horas o avião chegou a Cuiabá?

d) A que horas o avião chegou a Rio Branco?

e) Um passageiro, ao telefonar imediatamente para Belo Horizonte avisando de sua chegada, falou com seu pessoal a que horas em casa?

2. Qual é o meridiano que determina a hora inicial, e como ele é chamado?

3. O que ocorre com as horas nos lugares que estão localizados a oeste do meridiano inicial? Explique sua resposta.

4. Explique o que são fusos horários.

5. Observe os fusos horários no planisfério e responda às questões a seguir. Quando em Londres é meio-dia, que horas são em:

a) São Paulo – Brasil (45°W)?

b) Detroit – EUA (90°W)?

c) Los Angeles – EUA (120°W)?

d) Jacarta – Indonésia (105°E)?

e) Sydney – Austrália (150°E)?

f) Rio Branco – Brasil (75°W)?

g) Cairo – Egito (30°E)?

h) Roma – Itália (15°E)?

i) Rio de Janeiro – Brasil (45°W)?

j) Nova York – EUA (75°W)?

k) Brasília – Brasil (45°W)?

Dica: Como calcular?

a) Localidades em um mesmo hemisfério: subtraem-se os valores dos meridianos das horas de cada uma e divide-se o resultado por 15°. Exemplo:

São Paulo (45°O) e Nova York (75°O) = a diferença em graus entre ambas é de 30°, que, divididos por 15°, será igual a 2h.

b) Localidades em hemisférios diferentes: somam-se os valores dos meridianos das horas de cada uma e divide-se o resultado por 15°. Exemplo:

São Paulo (45°O) e Jerusalém (30°L) = a soma em graus entre ambas é de 75°, que, divididos por 15°, será igual a 5h.

c) Considerando que o movimento de rotação terrestre vai de oeste para leste (da esquerda para a direita), então toda localidade a leste do Meridiano de Greenwich estará mais adiantada em relação a toda localidade a oeste do Meridiano de Greenwich.

Exemplos: Jerusalém está 5h a mais adiantado em relação a São Paulo, e Nova York 2h a menos em relação a São Paulo.

6. Cartografia e representação da paisagem

O globo é uma das formas de representação da Terra. Ele é a Terra em miniatura.

Para ter a representação da Terra por inteiro e de forma plana, onde apareçam todos os continentes e oceanos, os cartógrafos produziram o **planisfério** ou **mapa-múndi**.

O planisfério pode ser político, físico ou temático.

O planisfério político contém os países do mundo e seus limites territoriais.

O planisfério físico tem informações, principalmente sobre relevo e hidrografia.

O planisfério temático pode conter qualquer tipo de informação, como clima, vegetação, economia, população etc.

Quando se faz a representação da Terra, com a transposição da esfera para o plano, usa-se o recurso cartográfico da projeção.

A projeção mais conhecida é a cilíndrica. É como se o globo representando a Terra fosse envolvido por um cilindro de papel, no qual ficassem projetados os contornos desse globo. Nesse caso, os paralelos e os meridianos ficam retos e paralelos entre si.

Veja a demonstração:

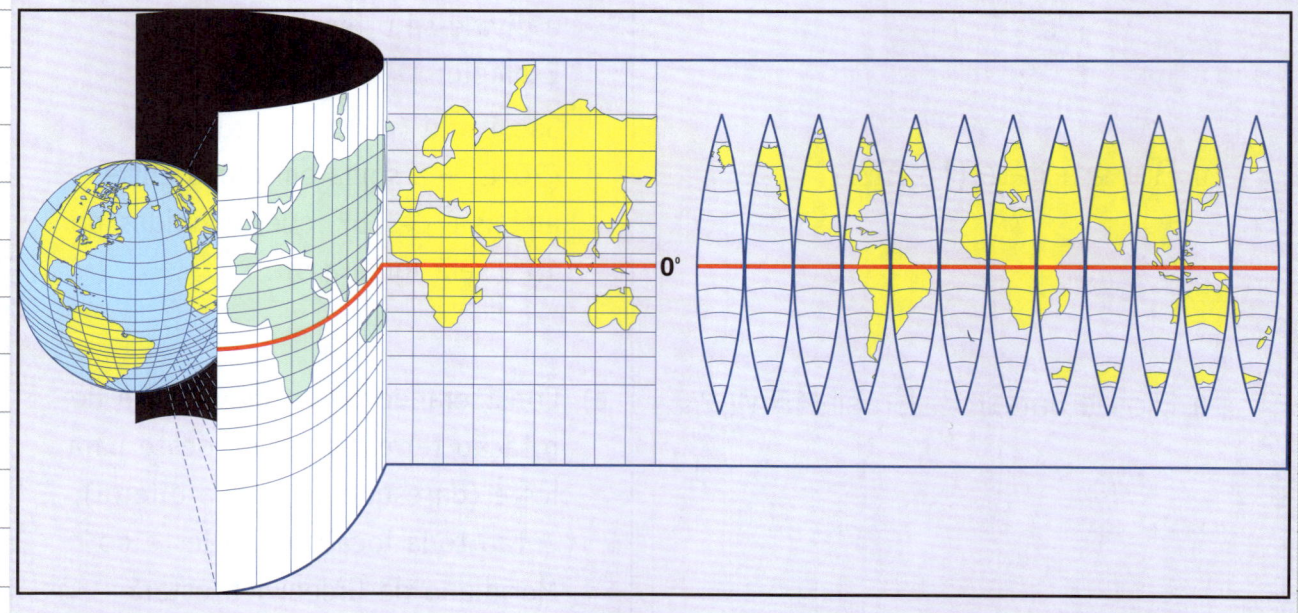

Duas são as projeções cilíndricas que devemos reconhecer: a de **Mercator** e a de **Peters**.

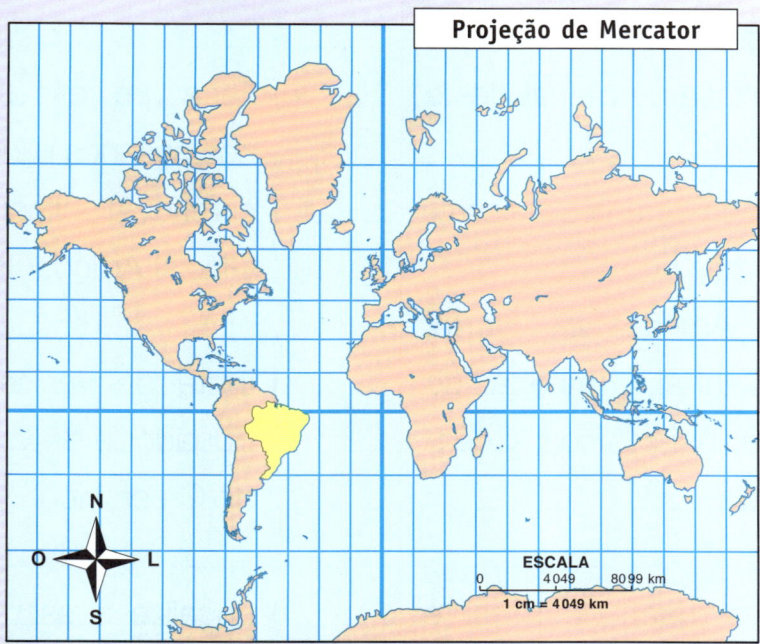

Fonte: Atlas geográfico espaço mundial. São Paulo: Moderna, 1998.

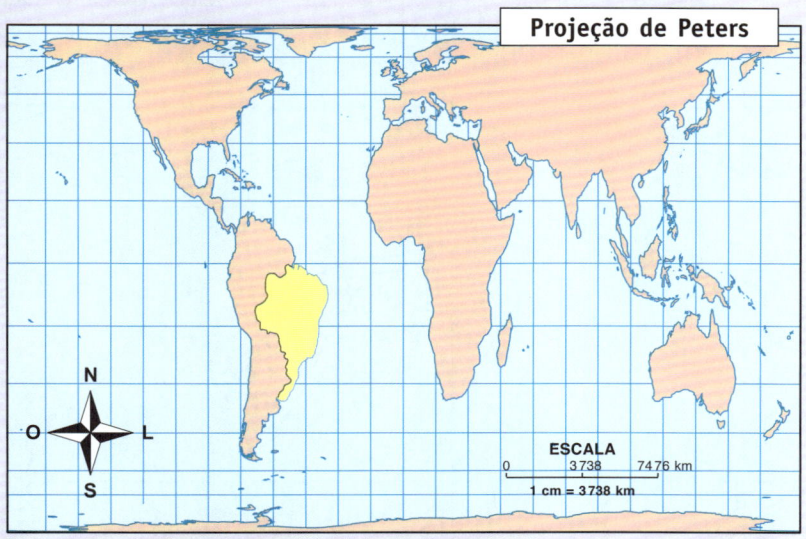

Fonte: Atlas geográfico espaço mundial. São Paulo: Moderna, 1998.

A projeção de Mercator utiliza um sistema que reproduz com muita fidelidade os contornos dos continentes, porém apresenta grandes distorções nos tamanhos dos territórios.

A projeção de Peters traz grande fidelidade de proporção entre os tamanhos dos continentes e oceanos, entretanto os contornos dos continentes perdem detalhamentos, apresentando-se muito alongados no hemisfério Sul e achatados no hemisfério Norte.

1. Observe o planisfério político e complete-o com o que se pede (se precisar, consulte um atlas ou os mapas no Miniatlas, no final deste Caderno.)

a) Localize os continentes e escreva seus nomes no mapa:
América – América do Norte, América Central, América do Sul; Europa; Ásia; África; Oceania; Antártida.

b) Identifique o mapa do Brasil e pinte-o de amarelo.

c) Escolha cores diferentes de amarelo para pintar cada um dos continentes.

d) Faça um leve sombreado azul nos oceanos e localize-os no planisfério: Atlântico, Pacífico, Índico, Glacial Ártico, Glacial Antártico.

e) Pinte de vermelho a linha do Equador e de verde o Meridiano de Greenwich.

f) Localize e escreva o nome do oceano que separa o continente americano da África e da Europa.

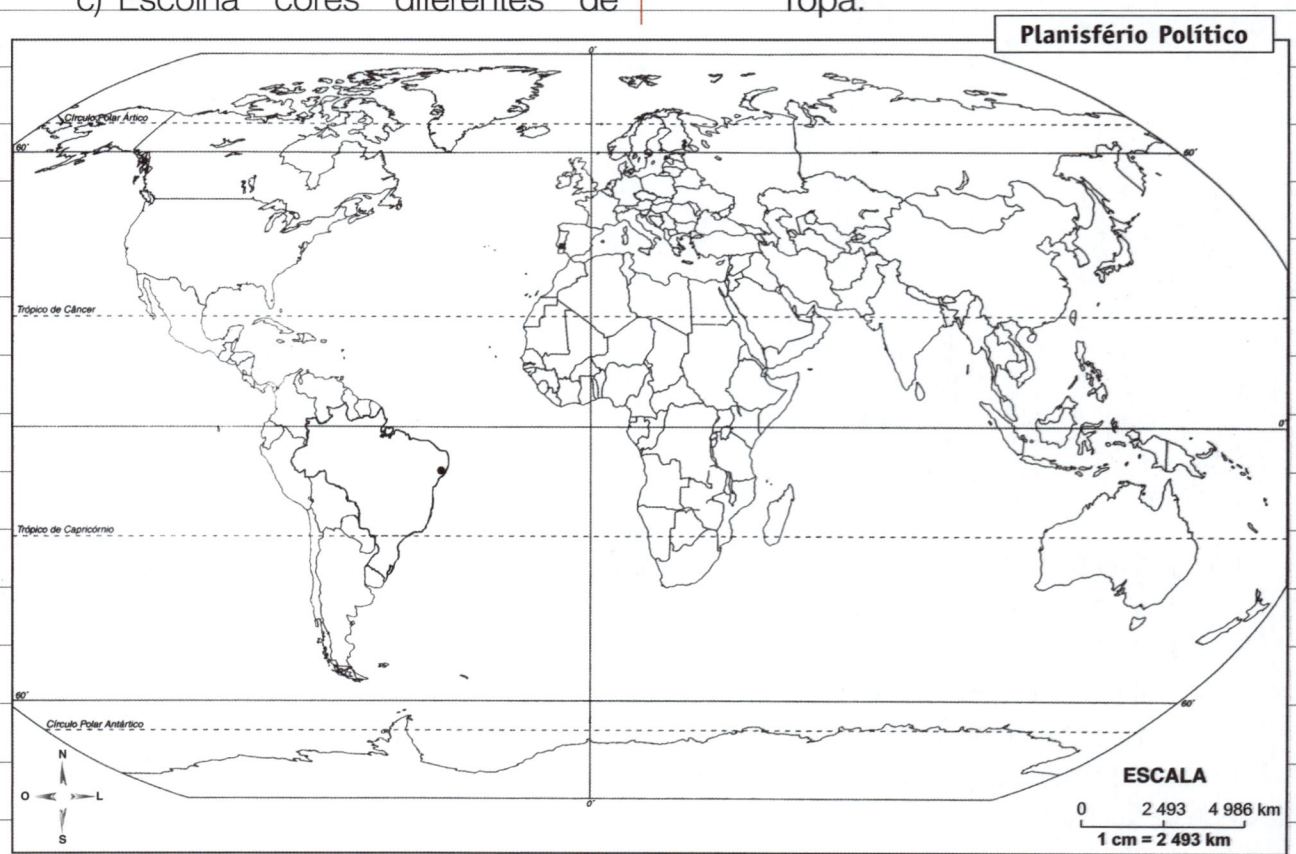

Fonte: *Atlas geográfico escolar.* Rio de Janeiro: IBGE, 2009.

g) Localize e escreva o nome da capital de Portugal.

h) Localize e escreva o nome da capital de Pernambuco.

i) Localize no planisfério e escreva o nome dos seguintes mares: mar das Antilhas, mar Arábico.

j) Escolha um país de cada continente. Localize-o e escreva seu nome no planisfério.

2. Observe o planisfério físico no Miniatlas e complete as frases a seguir.

a) Os morros e as montanhas são representados no mapa pela cor _____ .

b) As planícies e depressões estão representadas pela cor _____ .

c) O azul indica as _____ .

d) A hidrografia é representada pelos _____ .

e) A legenda do mapa físico indica as _____ .

f) Pela leitura do mapa físico, concluímos que as maiores altitudes do planeta localizam-se no oeste da _____ , no oeste da _____ e no centro-sul da _____ .

g) Respectivamente, essas montanhas recebem o nome de:

h) O ponto de maior altitude do Brasil é o

i) O ponto de maior altitude do planeta é o

j) Os rios Níger e Nilo estão no continente _____.

l) O continente americano conta com importantes rios, como: _____.

k) O Danúbio é um importante rio da _____.

3. Observe o mapa do Brasil abaixo e responda às questões a seguir.

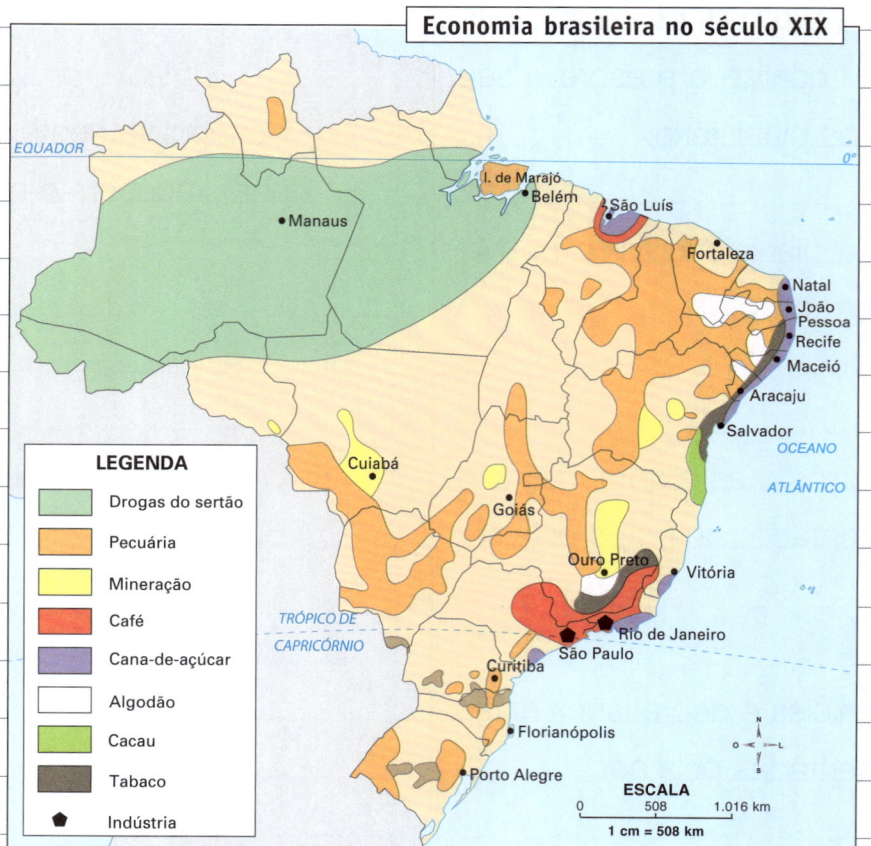

Fonte: *Moderno atlas geográfico*. São Paulo: Moderna, 1998.

Drogas do sertão – designação genérica de certos produtos vegetais obtidos por atividade extrativa na Amazônia, no Brasil colonial. Dentre esses produtos, destacam-se o urucum, a canela, o cravo, o cacau, a castanha, a pimenta e as ervas medicinais.

a) Quais eram os estados e territórios brasileiros que, no século XIX, desenvolviam atividade econômica relacionada às drogas do sertão?

b) O que eram as chamadas "drogas do sertão"?

c) Que cor representa essa atividade no mapa?

d) Qual atividade econômica era desenvolvida na ilha de Marajó?

e) Quais estados já tinham indústrias?

f) Quais atividades e produtos caracterizavam a economia baiana?

g) Quais estados cultivavam o algodão?

h) Qual produto foi intensamente cultivado nos estados do Rio de Janeiro, Minas Gerais e São Paulo?

Paisagem de uma área rural.

4. As projeções de Peters e de Mercator são cilíndricas. Quais as deformações que existem nesses mapas? Por quê?

b) Escolha um símbolo para cada um desses elementos e registre o que você inventou.

Exemplos: vegetação = ♀
casa =

5. Leia atentamente as questões a seguir e faça as atividades.

a) Relacione os elementos geográficos que você vê na paisagem a seguir.

LEGENDA	
ELEMENTOS —	SÍMBOLOS

c) Agora tente recompor a paisagem usando somente os símbolos?

Representação da paisagem

A Cartografia é a ciência e a arte da representação gráfica, pois prepara e organiza os mapas ou cartas geográficas, interpretando a paisagem.

Qualquer representação depende do tipo de visão que se tem da paisagem.

Essa visão pode ser oblíqua ou vertical. Nela, selecionam-se os elementos de interesse para observação e estudo, os quais serão representados por símbolos criados de acordo com a forma, proporção, com o volume ou outro critério significativo.

7. Mapas e escalas

Todo mapa é uma representação reduzida de certa região e é por essa razão que existe a escala.

A escala do mapa é a relação matemática entre o tamanho do mapa e o tamanho real da região representada e pode ser de dois tipos: numérica ou gráfica.

A **escala numérica**, por exemplo, pode ser de 1:100.000.000. Nesse caso, o terreno representado é 100 milhões de vezes maior do que o mapa. Um centímetro desse mapa é igual a 100 milhões de centímetros no terreno, ou 1 milhão de metros ou 1.000 quilômetros.

ESCALA NUMÉRICA
1:100.000.000

Brasil – Político

ESCALA
0   536   1 072 km
1 cm = 536 km

Fonte: *Atlas geográfico escolar*. Rio de Janeiro: IBGE, 2009.

A **escala gráfica** é um gráfico (em linha reta graduada) já dividido em grandezas proporcionais. Com um pedaço de barbante, uma régua e até mesmo os dedos ou as mãos, você pode avaliar a distância desejada de um ponto ao outro.

ESCALA GRÁFICA

0   200   400   600   800 km

Ao medir as distâncias, costuma-se trabalhar com medidas de metros e quilômetros; portanto, é necessária a transformação da escala, dada em centímetros.

Exemplo: 1:20.000.000.

Então, 1 cm no mapa equivale a 20.000.000 cm, ou 200 km, na realidade.

km	hm	dam	m	dm	cm
1	0	0	0	0	0

1. Observe a escala no mapa da página 39. Cada centímetro corresponde a 536 km. Utilizando essa escala e as linhas do mapa, calcule a distância aproximada entre:

Belo Horizonte
- Belém
- Boa Vista
- Brasília
- Campo Grande
- Fortaleza
- Porto Alegre
- Porto Velho
- Rio de Janeiro
- Salvador
- São Paulo

BH – Belém

BH – Boa Vista

BH – Brasília

BH – Campo Grande

BH – Fortaleza

BH – Porto Alegre

BH – Porto Velho

BH – Rio de Janeiro

BH – Salvador

BH – São Paulo

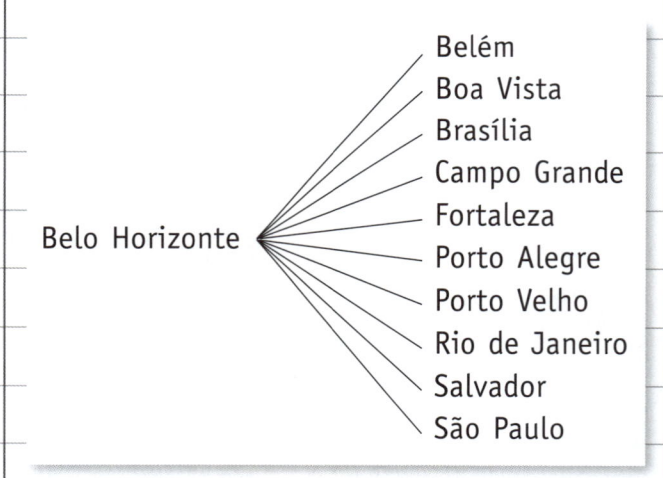

Dicas: Cálculos para obter a distância real entre dois pontos (m ou km) da escala do mapa ou da distância no mapa (em cm). Exemplos:

Distância real no mapa: escala 1:5.000.000 e a distância de 5 cm no mapa (transformar a escala em quilômetros e multiplicar o resultado do valor de 1 cm pelos 5 cm).

Escala: distância no mapa de 5 cm e distância real de 250 km (divide-se o valor em quilômetros pelos 5 cm e reduz-se o resultado obtido para centímetros).

Distância no mapa: escala de 1:5.000.000 e distância real de 250 km (dividir a distância real pelo valor obtido na transformação da escala em quilômetros).

2. Identifique a capital de seu estado no mapa e calcule a distância entre ela e outras dez capitais brasileiras.

3. Utilize a escala gráfica do mapa para calcular a distância real, em linha reta, aproximada, entre:

a) Porto Velho e Salvador

b) Campo Grande e Porto Alegre

c) A capital de seu estado e Brasília

4. Com base na escala do mapa a seguir, calcule a distância real aproximada, em linha reta, entre as cidades de Araçatuba e Campinas.

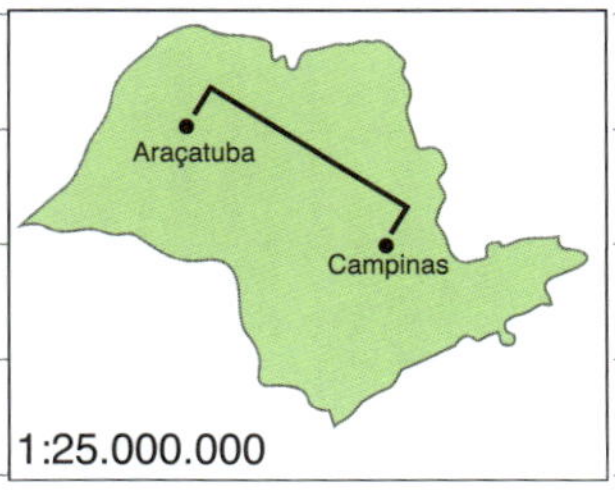

1:25.000.000

5. Consulte um planisfério político e calcule a distância real, em linha reta, aproximada, entre:

a) São Paulo e Nova York

b) Porto Alegre e Caracas

c) Brasília e Los Angeles

d) Recife e Buenos Aires

6. Utilizando os cálculos que você aprendeu nas aulas de Matemática, calcule a área real da paisagem representada.

Atenção:

Cada centímetro no mapa equivale a 240 metros na paisagem representada.

ESCALA 1:24.000
0   240   480 km
metros

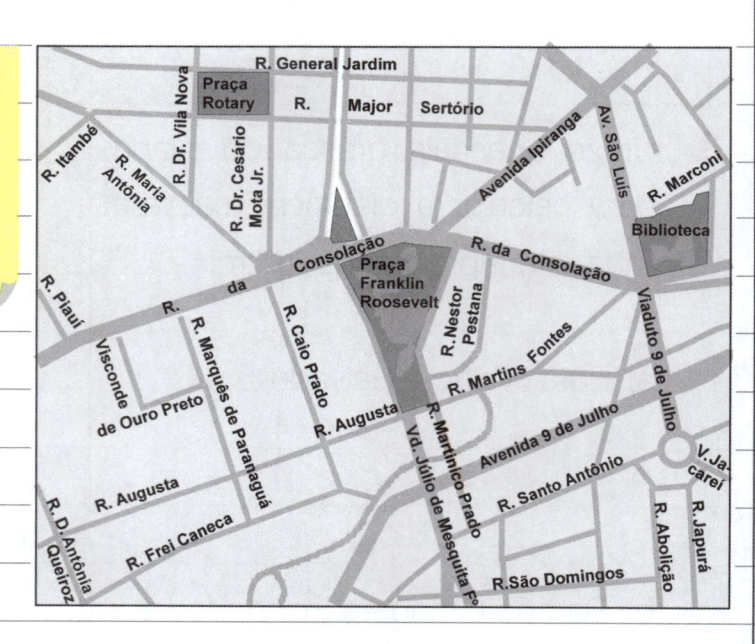

Área da paisagem representada =

7. Desenhe a planta de sua sala de aula (com carteiras, mesa, armário etc.), reduzindo as medidas 100 vezes, isto é, dividindo todas as medidas por 100. Assim, cada 1 metro (m) na sua sala de aula será igual a 1 centímetro (cm) no seu desenho.

> Dica: Para facilitar, escreva as medidas reais de todos os elementos que serão representados: paredes, janelas, porta, lousa, mesa do professor, mesas dos alunos, armário etc.

Registre a escala gráfica e a escala numérica do seu desenho.

a) Calcule a distância real entre os dois pontos de maior distância.

10 cm

1:10.000.000

8. Em um mapa de escala não citada, a distância entre A e B corresponde a 20 cm. Sabendo que essa distância no terreno corresponde a 100 km, assinale a escala do mapa:

a) E = 1:5.000.000

b) E = 1:500.000

b) Calcule a escala do mapa 2.

40 cm

c) E = 1:50.000

d) E = 1:5.000

e) E = 1:500

9. Considerando que uma região foi mapeada duas vezes em tamanhos diferentes, conforme os desenhos a seguir, sabendo somente a escala do mapa 1 e a distância maior entre dois pontos nos dois mapas:

10. Detalhes: quanto maior a grandeza da escala, menores serão os detalhes nos mapas ou cartas geográficas. Assim:

Grande escala: até 1:250.000
(menor grandeza e maiores detalhes)

Média escala:
de 1:250.000 a 1:1.000.000

Pequena escala:
acima de 1:1.000.000
(maior grandeza e menores detalhes)

Com essas considerações, responda às questões a seguir.

a) A área representada no exercício 6 pode ser vista no mapa do Brasil? Por quê?

b) Numere os seguintes conjuntos geográficos em ordem de grandeza.

( ) Brasil
( ) o oceano Pacífico
( ) seu bairro
( ) o Mercosul
( ) seu estado

A DINÂMICA DA NATUREZA

8. O relevo e seus agentes

TEORIA DA DERIVA CONTINENTAL

Nos séculos XV e XVI, com o desenvolvimento da cartografia, muitos estudiosos observaram que alguns continentes pareciam se encaixar em outros, especialmente a África e a América do Sul.

Nos séculos seguintes, surgiram algumas pesquisas. A mais conhecida e importante foi elaborada pelo astrônomo, geofísico e meteorologista alemão Alfred Wegener, em 1912.

Wegener formulou a teoria da Deriva Continental. Para ele, os continentes atuais estiveram agrupados no passado em um único conjunto, o qual denominou de Pangeia.

Esse continente teria se fragmentado lentamente, dando origem a dois continentes: Laurásia e Gondwana.

Observe as ilustrações.

Há 200 milhões de anos: nessa fase inicial da evolução da superfície do globo terrestre, a "Pangea" ou Pangeia era, praticamente, uma única e extensa massa continental.

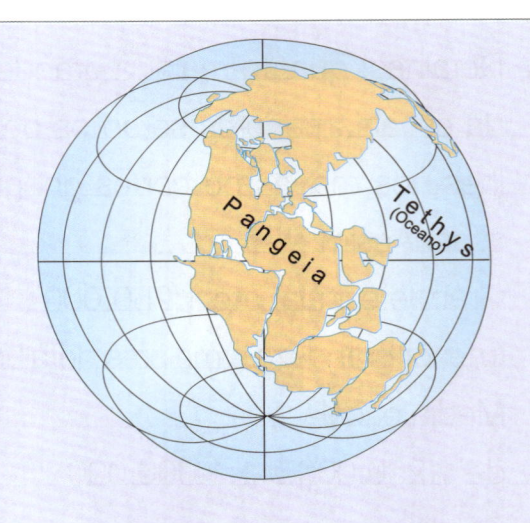

Há 150 milhões de anos: nessa outra fase da "Deriva dos Continentes", o supercontinente da Pangeia já estava nitidamente separado em dois grandes continentes: o da Laurásia e o de Gondwana.

Há 100 milhões de anos: o deslocamento dos blocos continentais continuou ao longo de muitos milhões de anos, dividindo, nessa fase, Gondwana nas terras da América do Sul, da África, da Austrália e da Antártida.

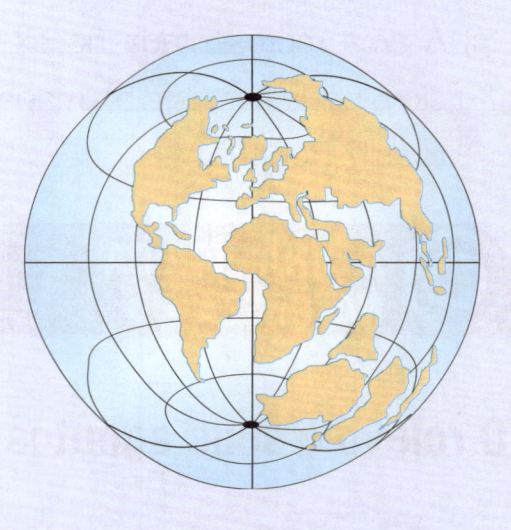

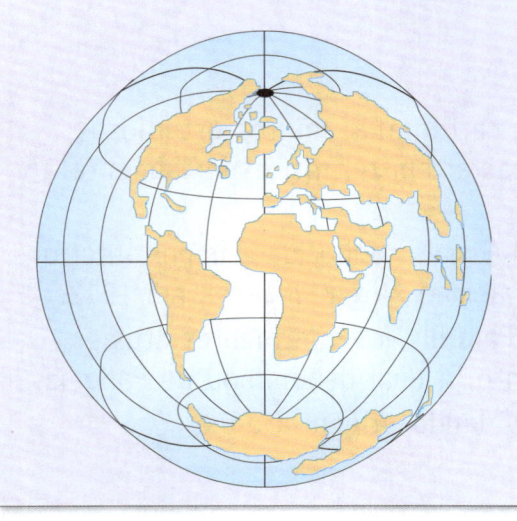

Há 50 milhões de anos: nessa última fase da "Deriva dos Continentes", a Laurásia já havia se dividido em América do Norte e Eurásia (Europa e Ásia), e assim está moldada a atual conformação dos continentes.

TEORIA DAS PLACAS TECTÔNICAS

Em 1968, foi elaborada a Teoria das Placas Tectônicas. Atualmente, essa teoria é fundamental para a explicação de todos os fenômenos que envolvem a evolução geológica da Terra.

A crosta terrestre está dividida em aproximadamente 20 placas que flutuam e se movimentam no substrato pastoso. Nos limites entre as placas, estão as zonas de grande atividade sísmica e de vulcanismo.

Observe o mapa das placas tectônicas.

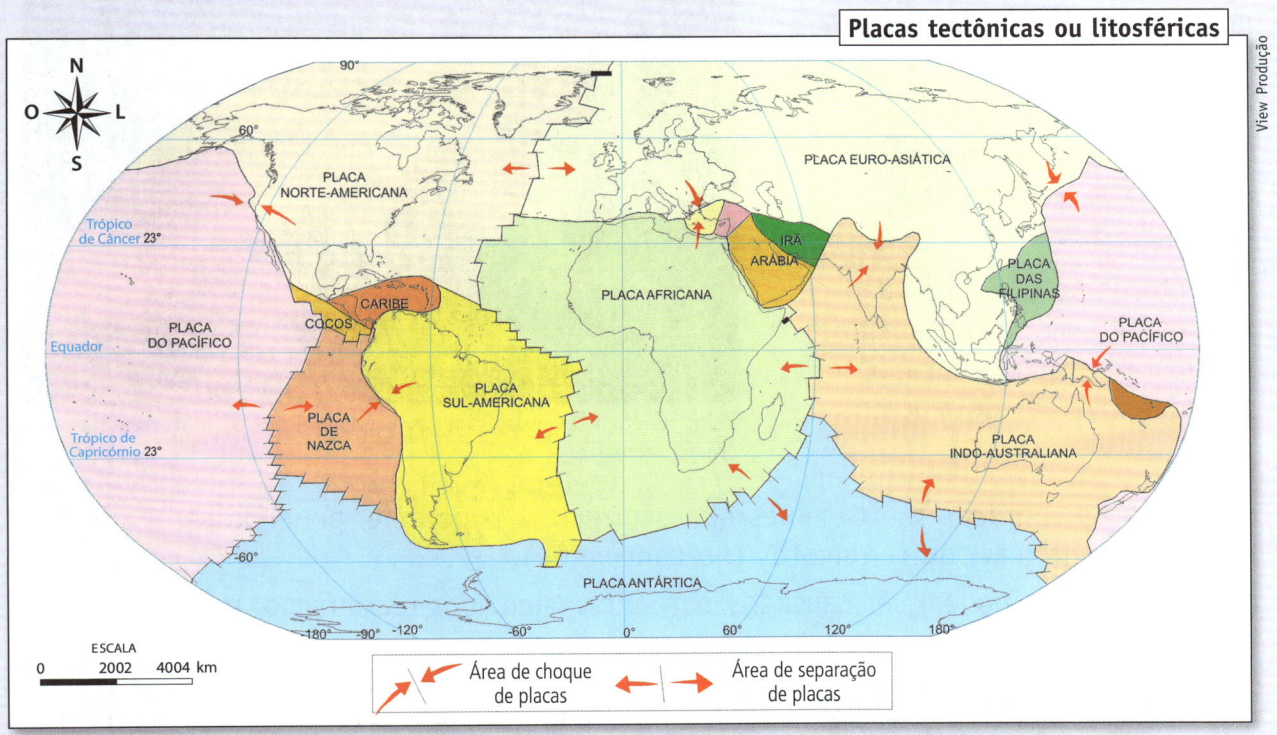

Placas tectônicas ou litosféricas

Fonte: ROSS, Jurandyr L. Sanches (Org.). *Geografia do Brasil*. São Paulo: Edusp, 1996.

1. Observando o mapa das placas tectônicas, responda.

a) Qual é a placa totalmente oceânica?

b) Quais são as placas que podem ser observadas no mapa?

AGENTES DO RELEVO

O relevo terrestre é formado e modificado pela ação de agentes internos ou estruturais e de agentes externos ou esculturais.

OS AGENTES INTERNOS DO RELEVO

Os agentes internos são: o vulcanismo, o tectonismo e os abalos sísmicos.

Vulcanismo é a ação dos vulcões, a saída de material magmático através de abertura na crosta terrestre.

Lavas e outros materiais lançados pelos vulcões são depositados na superfície, alterando o relevo.

Tectonismo é o fenômeno de dobramento ou de fraturamento da crosta terrestre causado por pressões internas do magma.

Pelos vulcões são expelidos lava, gases e outros materiais da crosta terrestre.

Os **abalos sísmicos** são tremores que ocorrem na superfície, podendo ser maremotos (no mar) ou terremotos (no continente).

Os terremotos podem ser causados por vulcanismo, por tectonismo, por deslizamentos e por desabamentos de terrenos.

Escombros de uma construção em Kobe, no Japão, atingida por um terremoto, em 1995.

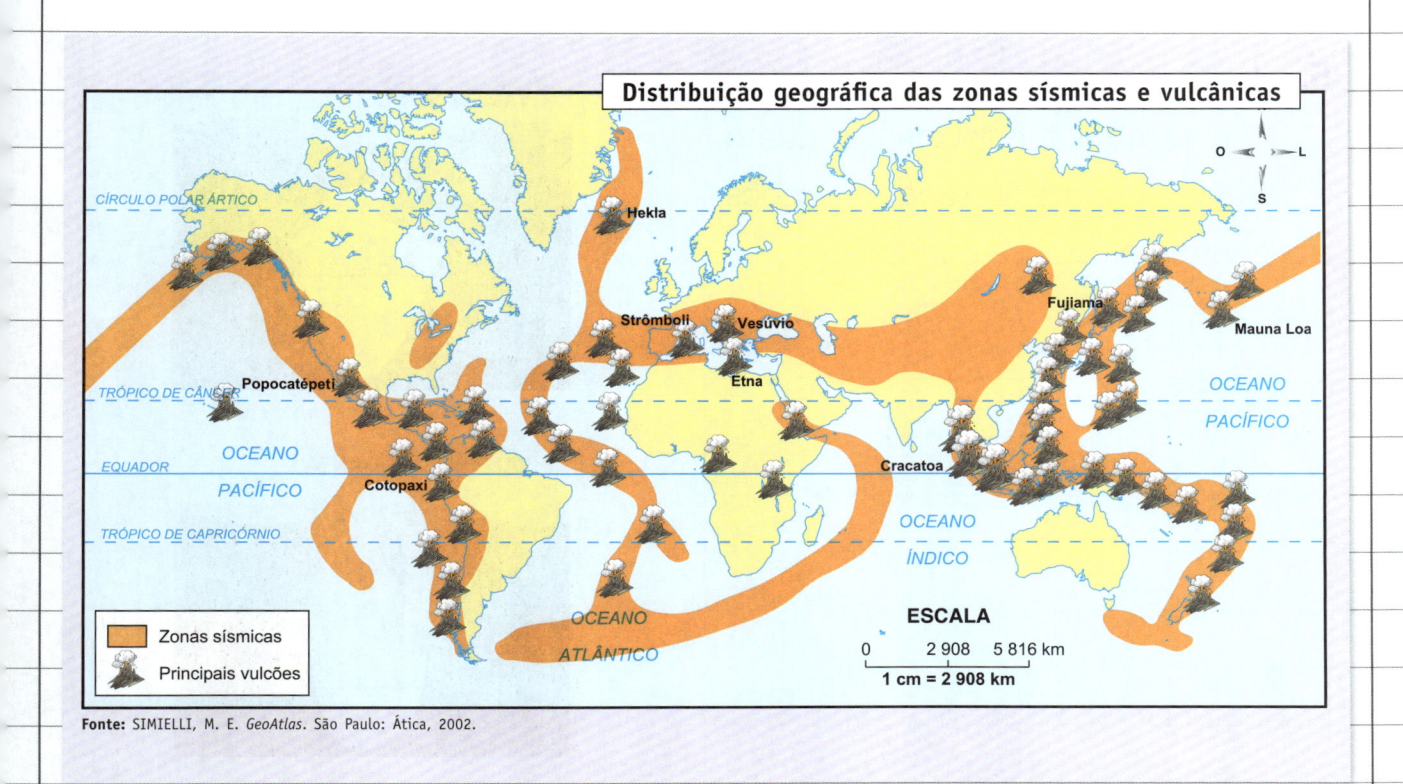

Distribuição geográfica das zonas sísmicas e vulcânicas

Fonte: SIMIELLI, M. E. *GeoAtlas*. São Paulo: Ática, 2002.

2. Comparando o mapa da faixa de vulcanismo e da distribuição geográfica das zonas sísmicas com o mapa das placas tectônicas, a que conclusão se pode chegar?

3. Consulte o planisfério físico no Miniatlas e compare a localização das grandes cadeias montanhosas com as áreas de contato de placas tectônicas (veja no mapa das placas). Explique o que acontece.

4. Identifique no mapa o limite das placas cujo choque foi responsável pela formação da cordilheira dos Andes. Quais são essas placas?

49

5. Ainda observando o mapa, explique com suas palavras por que o Brasil não sofre ameaça de vulcões e terremotos.

VALE NORMAL

VALE EM GARGANTA

VALE EM CALHA

VALE ASSIMÉTRICO

AGENTES EXTERNOS DO RELEVO

Os agentes externos, como as águas correntes, os ventos e o gelo, são agentes esculturais ou modeladores do relevo.

O principal trabalho de modelagem do relevo feita por águas correntes é realizado pelos rios.

A erosão fluvial é feita no escavamento do leito dos rios e no modelado das vertentes, formando os principais tipos de vales: normal, garganta, calha e assimétrico.

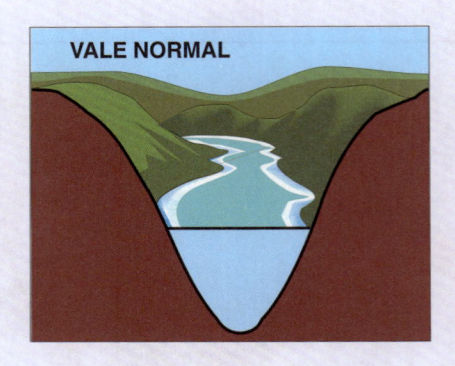

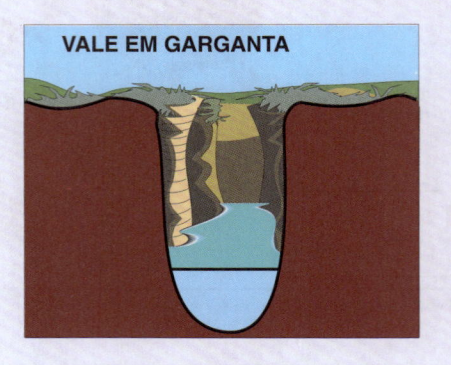

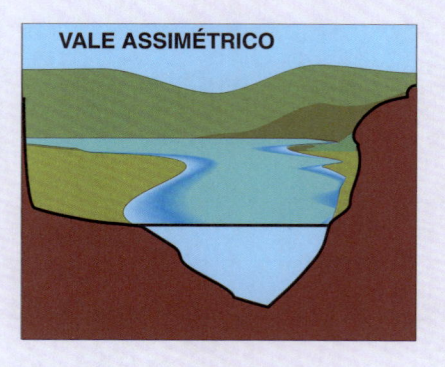

A **acumulação fluvial** forma planícies e ilhas em foz do tipo delta. É o caso das ilhas de Calcutá, na foz conjunta dos rios Ganges e Brahmaputra, no Golfo de Bengala (no oceano Índico). O delta de Calcutá é o maior do mundo.

6. Observe o desenho com os elementos da paisagem natural e identifique:

1. ISTMO
2. PENÍNSULA
3. PRAIA BALNEÁRIA
4. CABO
5. ARQUIPÉLAGO
6. ASSENTO
7. ILHA
8. ILHOTA
9. RECIFES
10. CORTE
11. MORRO
12. VULCÃO EXTINTO
13. PENHASCO
14. PLANALTO
15. CACHOEIRA
16. GRUTA
17. FOZ
18. PÂNTANO
19. RIO
20. CONFLUÊNCIA
21. VULCÃO
22. CRATERA
23. CUME
24. PICO
25. CONTRAFORTE
26. VALE
27. SOPÉ
28. VERTENTE
29. PLANÍCIE
30. GARGANTA
31. AFLUENTE
32. COLINA
33. SERRA
34. FRALDAS
35. ROCHEDO
36. GOLFO
37. BAÍA
38. MONTANHA
39. ESTREITO
40. LAGOA
41. LAGO
42. MAR
43. OCEANO

a) As principais formas de relevo.

b) Em qual das formas de relevo ocorre maior deposição ou acumulação de sedimentos. Explique por quê.

EROSÃO E ACUMULAÇÃO MARINHAS

O trabalho destrutivo realizado pelas águas do mar é a **erosão marinha**, chamada também de **abrasão**. Ocorre nos litorais de costas altas (falésias ou penedias) e é causada pela ação das ondas que desgastam as bases das falésias, provocando desabamentos e recuos do litoral.

A **acumulação marinha** ocorre em costas baixas, formando praias, restingas, tômbolos e recifes.

EROSÃO / DESTRUIÇÃO

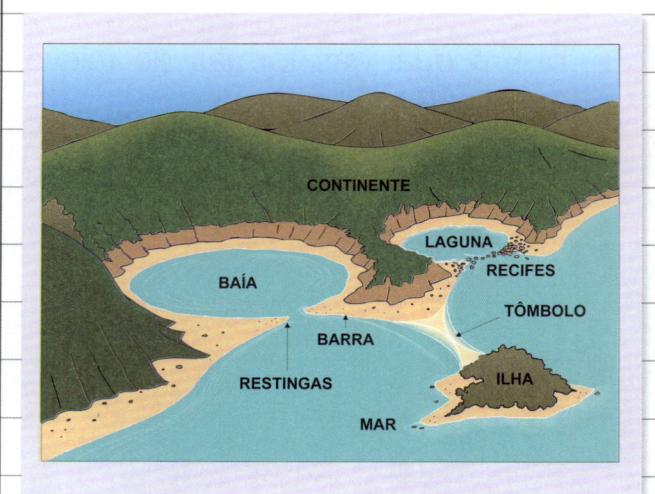

Formas do relevo marinho

Baía – *pequena reentrância litorânea que se alarga para o interior.*

Barra – *entrada estreita de baías e de golfos.*

Falésias – *terras ou rochas altas e íngremes à beira-mar resultantes da erosão marinha.*

Lagunas – *pequenas lagoas.*

Penedias – *reunião de penedos, rochedos elevados à beira-mar.*

7. Explique como ocorrem e o que produzem as seguintes ações das águas do mar:

a) Abrasão marinha

b) Acumulação marinha

EROSÃO EÓLICA

A erosão eólica é realizada de duas maneiras: por deflação e por corrosão.

A deflação é uma forma de erosão eólica em que o vento varre a superfície do terreno, removendo os sedimentos ou detritos soltos.

A corrosão é a erosão eólica mais violenta e ocorre quando o vento, carregado de partículas ou detritos em suspensão, desgasta por erosão as partes baixas de morros ou elevações, modelando o relevo e formando as chamadas taças ou cogumelos.

EROSÃO E ACUMULAÇÃO GLACIÁRIAS

Na **erosão glaciária**, a geleira desliza na declividade do terreno, alisando o relevo e, às vezes, escavando um vale glaciário, em forma de **U**, do tipo calha.

Os sedimentos levados pela geleira são acumulados na parte mais baixa e plana do terreno, formando as **morainas** ou **morenas**.

É a acumulação glaciária. Isso aconteceu na Finlândia, chamada de "o país dos lagos".

8. Explique o que são morainas e como se formam.

Depressão

Predominantemente de origem sedimentar, apresenta superfície entre 100 e 500 metros de altitude, com suave inclinação, formada por prolongados processos de erosão. É mais plana do que o planalto.

Serra

Terreno muito trabalhado pela erosão. Varia de 600 a 3.000 metros de altitude. É formada por morros pontiagudos (cristas).

Não se confunde com escarpa.

Pode apresentar estrutura geológica velha ou jovem. Neste caso, trata-se dos dobramentos modernos.

Planalto

Ao contrário do que sugere o nome, é uma superfície irregular, com altitude geralmente acima de 300 metros. Terreno de estrutura geológica velha em que os processos de erosão predominam sobre os de sedimentação, sejam em rochas cristalinas ou sedimentares. Pode ter morros, serras ou elevações íngremes de topo plano (chapadas).

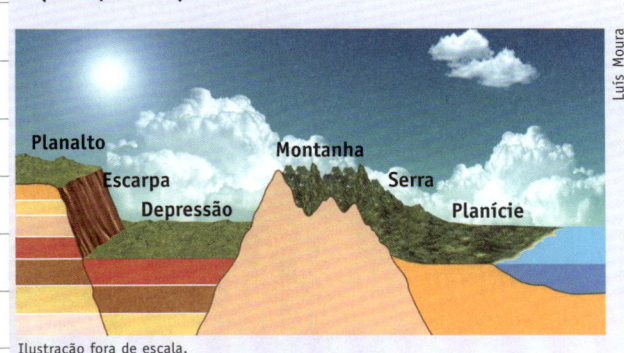

Ilustração fora de escala.

Escarpa

Terreno muito íngreme, de 100 a 800 metros de altitude, que lembra um degrau. Ocorre na passagem de áreas baixas para um planalto. É impropriamente chamado de serra em muitos lugares, como na Serra do Mar, que acompanha o litoral. Foi originada principalmente por ação de falhamento (fratura) em terrenos predominantemente cristalinos, ou por presença residual resultante de trabalhos erosivos.

Planície

Superfície geralmente plana com, no máximo, 100 metros de altitude. É formada pelo acúmulo recente de sedimentos movimentados pelas águas do mar, de rios ou de lagos. Ocupa porção modesta no conjunto do relevo brasileiro.

Tabuleiro

Superfície com 20 a 50 metros de altitude em contato com o oceano. Ocupa trechos do litoral nordestino. Geralmente tem o topo muito plano e é caracterizado, predominantemente, por estruturas sedimentares. No lado do mar, apresenta declives abruptos que formam as chamadas falésias ou barreiras.

PERFIS TOPOGRÁFICOS E MAPAS HIPSOMÉTRICOS

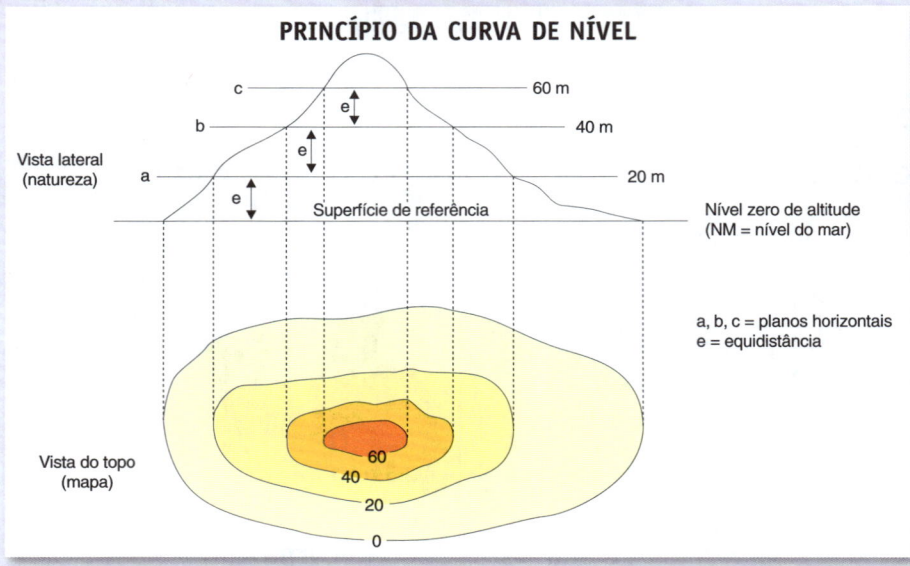

PRINCÍPIO DA CURVA DE NÍVEL

Vista lateral (natureza)
- c — 60 m
- b — 40 m
- a — 20 m
- Superfície de referência
- Nível zero de altitude (NM = nível do mar)
- e = equidistância
- a, b, c = planos horizontais

Vista do topo (mapa): 60, 40, 20, 0

Fonte: BOCHICCHO, V. R. *Atlas atual*. São Paulo: Atual, 1999.

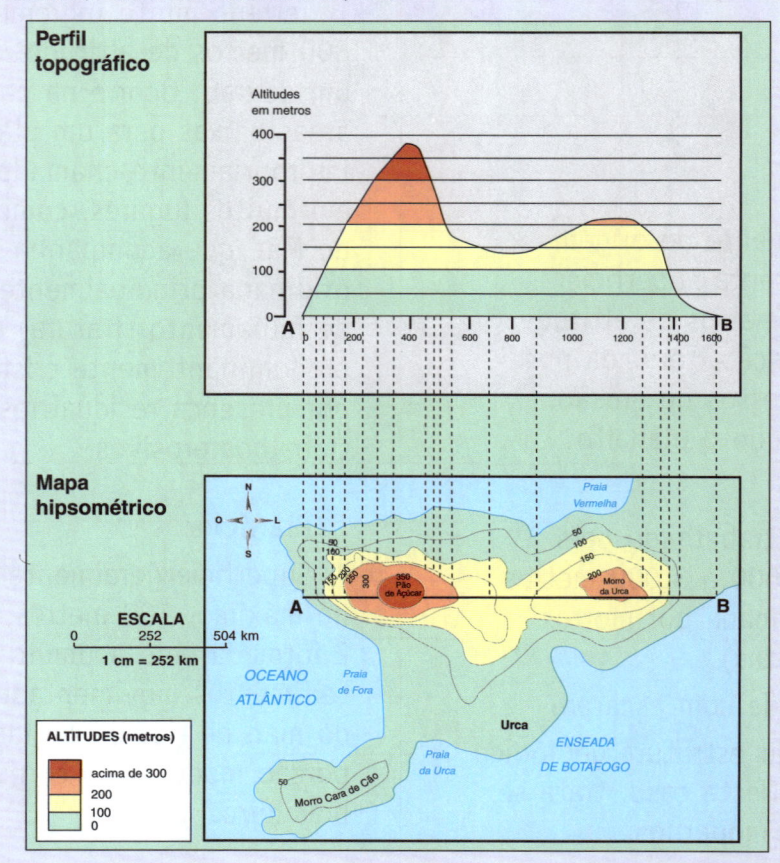

Perfil topográfico — Altitudes em metros (0 a 400), distância de A a B (0 a 1600 m).

Mapa hipsométrico — Pão de Açúcar (350 m), Morro da Urca (200 m), Morro Cara de Cão, Praia Vermelha, Praia de Fora, Praia da Urca, Urca, Enseada de Botafogo, Oceano Atlântico.

ESCALA: 0 — 252 — 504 km · 1 cm = 252 km

ALTITUDES (metros): acima de 300 · 200 · 100 · 0

9. Resolva os exercícios a seguir.

a) O **mapa hipsométrico** representa as altitudes do relevo por meio de cores convencionais e **curvas de nível**.

Pinte a montanha e sua representação, de acordo com as indicações da legenda.

Altitudes (m)
- Marrom — Acima de 600
- Laranja — De 401 a 600
- Amarelo — De 201 a 400
- Verde — Até 200

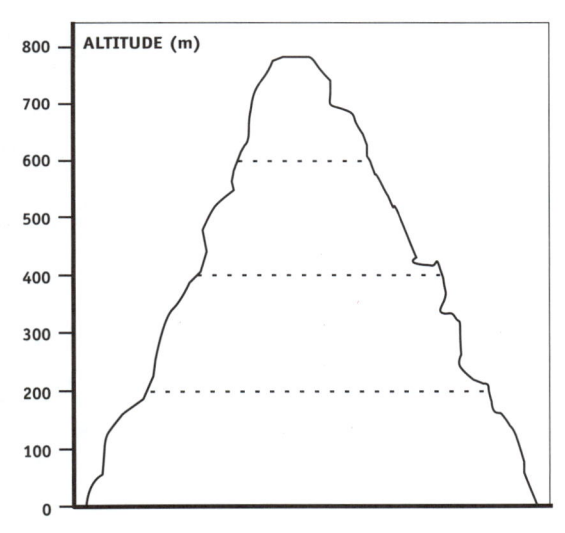

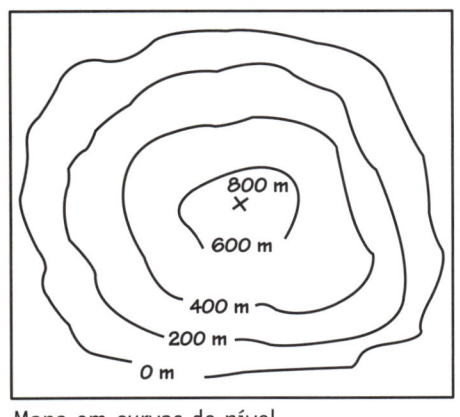

Mapa em curvas de nível.

b) Pinte o desenho a seguir com as cores convencionais, conforme a legenda, e identifique as formas de relevo que ele pode representar.

Altitudes (m)
- Mais de 1.000
- De 500 a 1.000
- De 200 a 500
- De 0 a 200

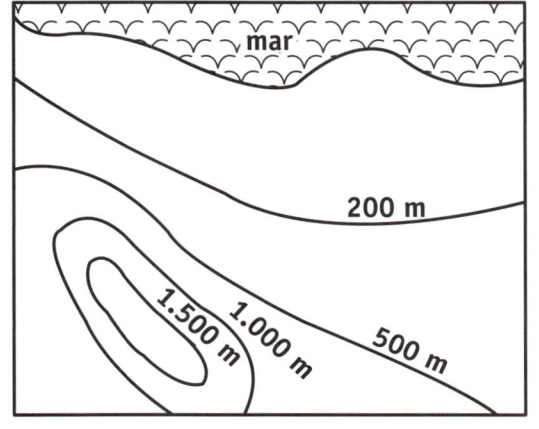

c) Observando os mapas físicos, podemos concluir que a cor _____ representa o relevo de altitudes elevadas e a cor verde-claro representa o relevo de _____ altitude.

d) Os declives mais acentuados, isto é, os terrenos mais íngremes, são representados por linhas mais próximas num mapa de _____.

e) Descubra qual forma de relevo pode estar representada no perfil a seguir. Justifique sua resposta.

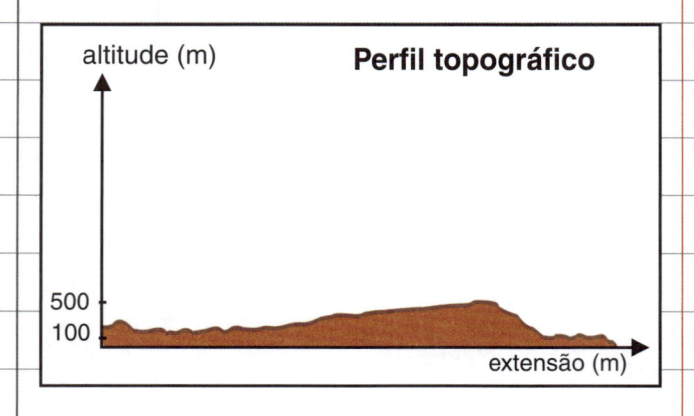

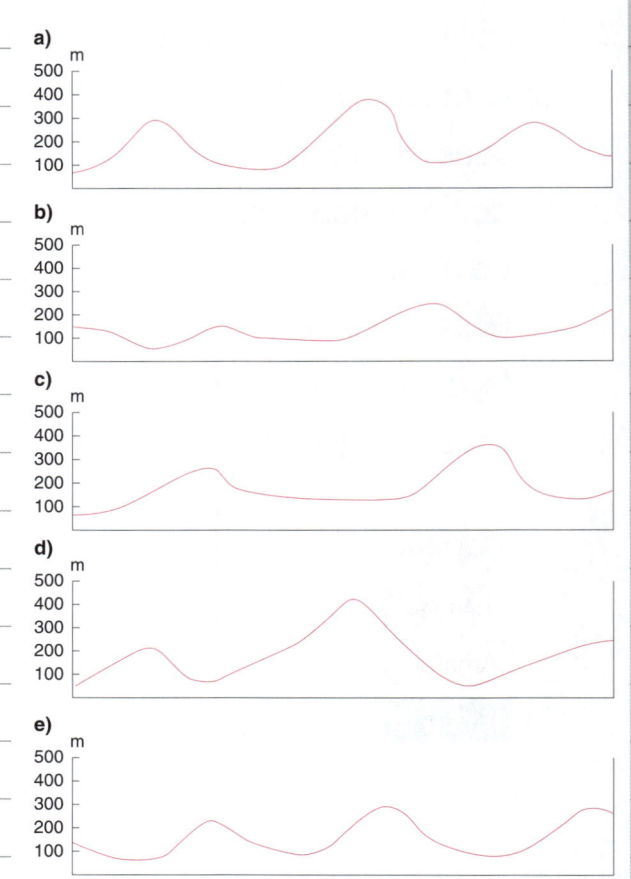

Perfil topográfico
altitude (m) / extensão (m)

a)
b)
c)
d)
e)

f) Assinale a alternativa que mostra o perfil topográfico que corresponde à linha AB na figura abaixo. Justifique sua resposta.

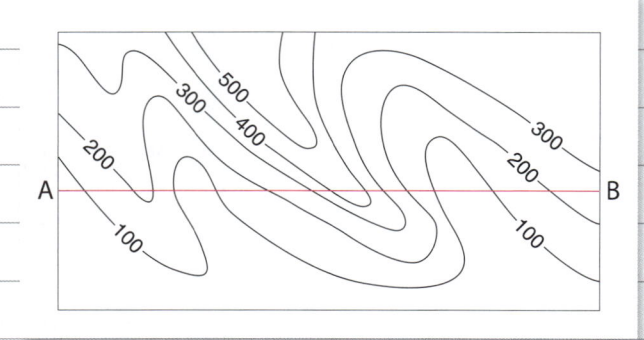

g) Observe os elementos da paisagem natural, representados na figura da página 51. Cada elemento está indicado com um número. Complete o diagrama com os nomes dos elementos da figura correspondentes aos números indicados.

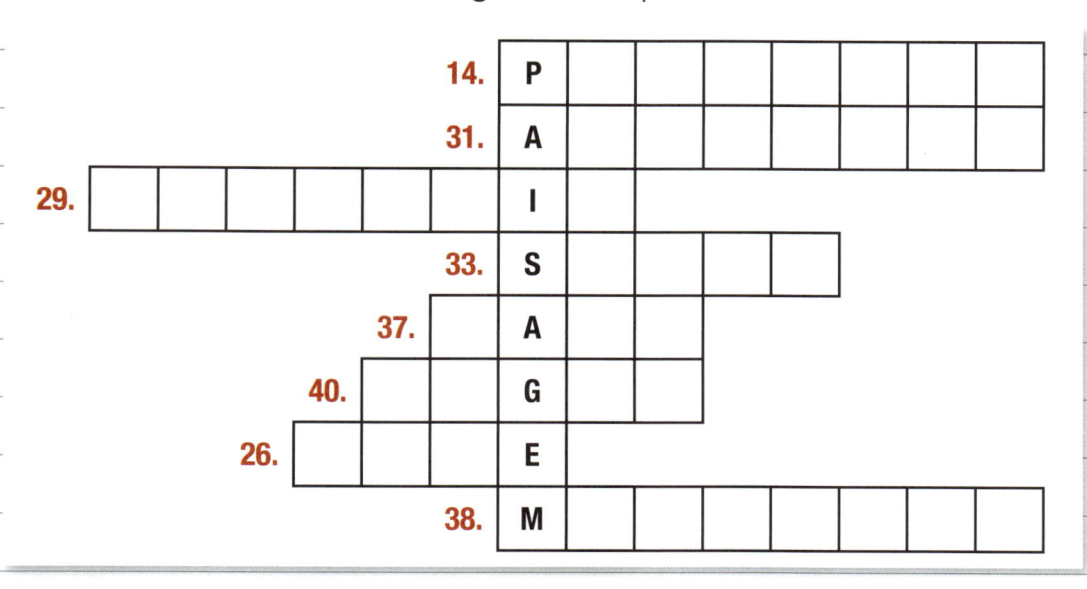

				14.	P					
				31.	A					
29.					I					
				33.	S					
			37.		A					
		40.			G					
	26.				E					
				38.	M					

9. Hidrografia

Quase dois terços das terras emersas, aproximadamente 100.000.000 km², estão no hemisfério Norte, o chamado "hemisfério continental" ou "hemisfério das terras".

Os outros 50.000.000 km² de terras emersas (apenas 1/3 da área total dos continentes e ilhas) estão no hemisfério Sul, o chamado "hemisfério oceânico" ou "hemisfério das águas".

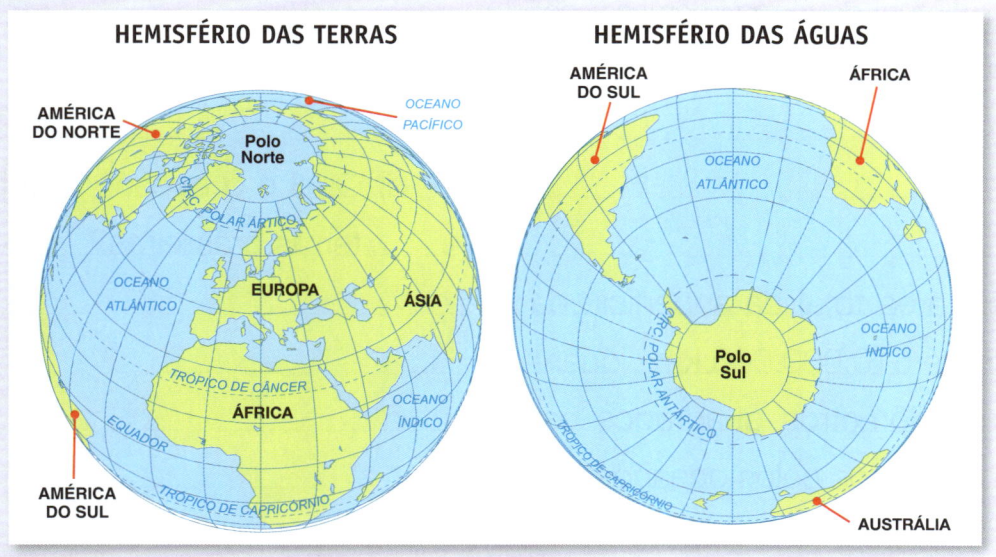

Fonte: *Moderno atlas geográfico.* São Paulo: Moderna, 1997.

SUPERFÍCIE TOTAL DA TERRA

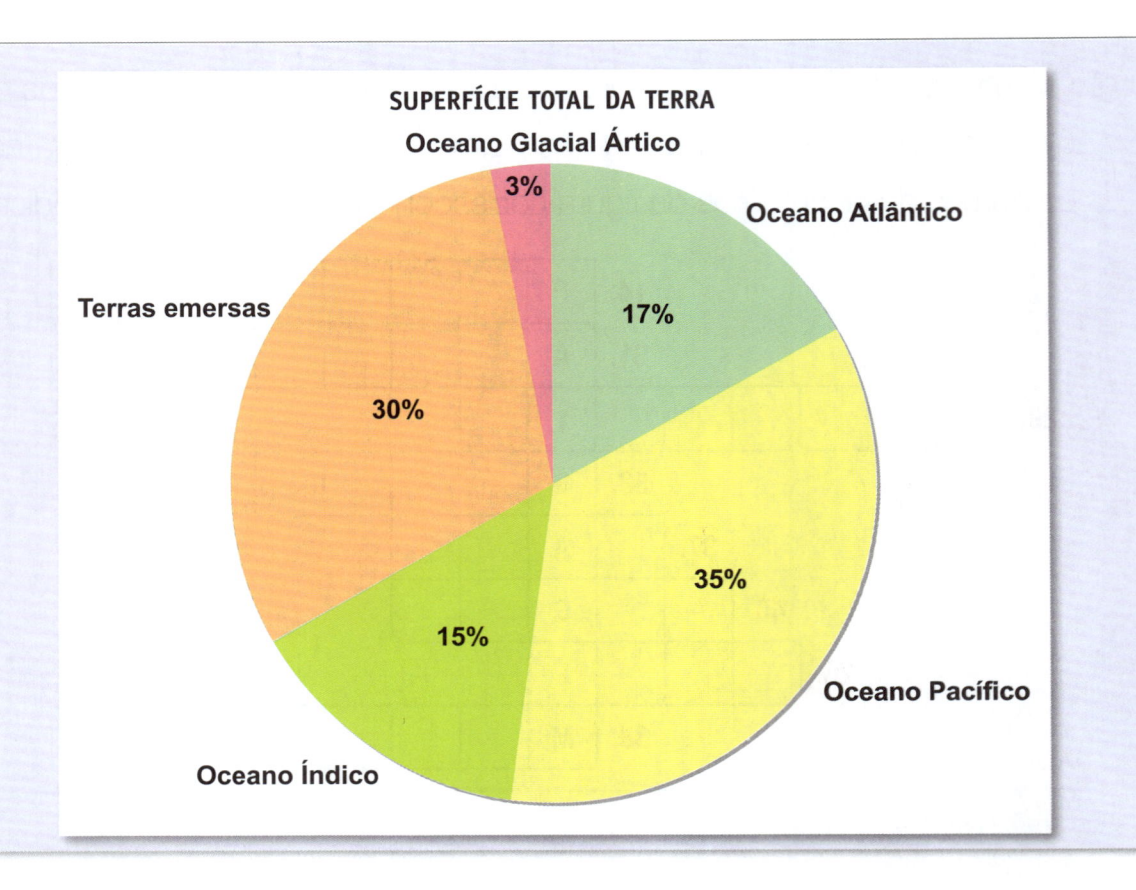

- Oceano Glacial Ártico: 3%
- Oceano Atlântico: 17%
- Oceano Pacífico: 35%
- Oceano Índico: 15%
- Terras emersas: 30%

1. Responda, a partir de cálculos matemáticos e observação dos mapas.

a) Se, na superfície total do mundo, 30% são terras emersas, qual é o percentual de terras imersas – cobertas por águas oceânicas?

b) Se a área total da superfície da Terra é 510.000.000 km², quantos quilômetros quadrados estão cobertos pelos oceanos?

c) Como é chamado o hemisfério onde está localizado o Brasil?

d) Qual é o oceano que banha as terras brasileiras?

DIFERENÇA ENTRE MAR E OCEANO

O mar é a parte do oceano em contato direto com o continente, portanto, com maior influência continental.

PLANISFÉRIO

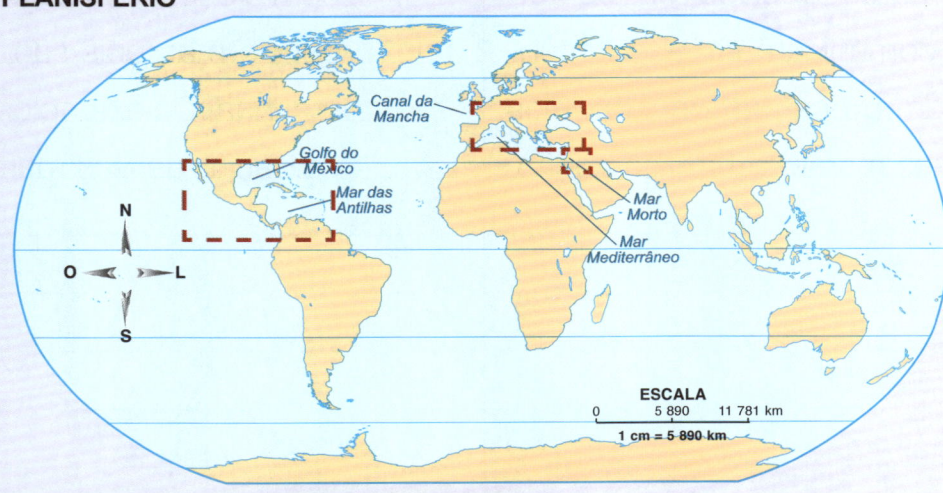

Fonte: *Atlas geográfico escolar*. Rio de Janeiro: IBGE, 2009.

As principais diferenças entre mar e oceano estão na profundidade, na salinidade, na densidade e na temperatura das águas.

> **Densidade** – quantidade de matéria em relação ao volume.

Dependendo do contato maior ou menor com o oceano, os mares podem ser de três tipos: abertos ou costeiros, continentais ou mediterrâneos e fechados ou isolados.

ABERTO OU COSTEIRO

Fonte: *Atlas geográfico*. São Paulo: Melhoramentos, 2002.

CONTINENTAIS OU MEDITERRÂNEOS

Fonte: *Atlas geográfico*. São Paulo: Melhoramentos, 2002.

MAR FECHADO OU ISOLADO

Fonte: *Atlas geográfico*. São Paulo: Melhoramentos, 2002.

2. Consulte o planisfério para responder às questões a seguir.

a) Os **mares abertos** ou **costeiros** comunicam-se abertamente com o oceano. Dê exemplos desses mares e sua localização.

b) Os **mares continentais** ou **mediterrâneos** são bem interiores e comunicam-se com o oceano através de canais ou estreitos. Localize e identifique o mar que se comunica com o oceano Atlântico pelo estreito de Gibraltar.

c) Os **mares fechados** ou **isolados** são lagos sem comunicação com o oceano e muito parecidos com o mar, pois são de origem marinha. Dê exemplos com a localização desses mares.

OS RIOS E AS BACIAS FLUVIAIS

Os rios nascem em fontes, lagos ou mesmo em outros rios e deságuam no mar, em rios ou em lagos. Quando deságuam, são chamados **afluentes**.

Todo rio pode ser observado de duas maneiras: pelo perfil longitudinal e pelo perfil transversal.

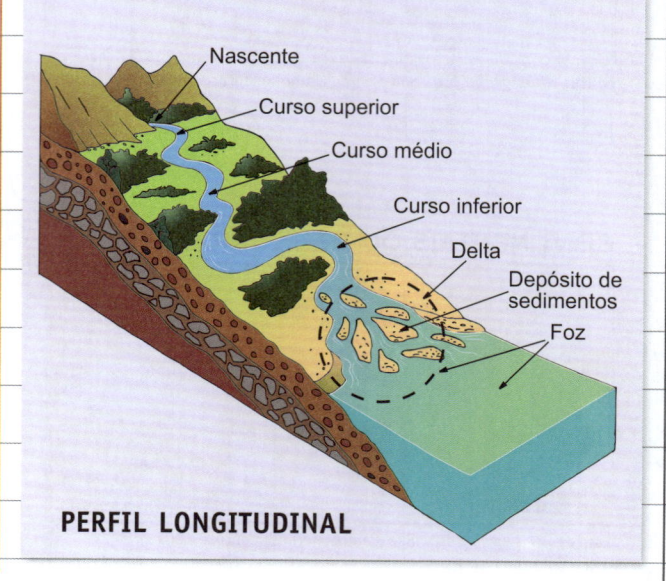

- Nascente
- Curso superior
- Curso médio
- Curso inferior
- Delta
- Depósito de sedimentos
- Foz

PERFIL LONGITUDINAL

O **perfil longitudinal** se estende da nascente até a foz do rio e está dividido em três partes principais: a nascente, o curso e a foz.

A foz, última parte do curso fluvial, pode se apresentar de três formas: delta, estuário; complexa ou mista.

A foz em forma de delta é cheia de ilhas, que dividem o rio em vários canais ou ramais. Quando a maré não arrasta os sedimentos depositados mar adentro, forma-se um delta na desembocadura do rio. A sedimentação adquire forma de leque e bloqueia em parte a saída da água, fazendo o rio dividir-se em vários braços.

A foz em forma de estuário não tem ilhas e apresenta um único canal ou ramal, parecido com um funil. Às vezes, um lado da foz é delta e o outro lado é estuário. Nesse caso, a foz é mista ou complexa.

Ao longo do perfil longitudinal existem duas direções. A direção em que se deslocam as águas, da nascente para a foz, é chamada de jusante; a direção contrária, da foz para a nascente, é chamada de montante.

O **perfil transversal** de um rio é visto quando nos colocamos no meio do curso fluvial, olhando para jusante, isto é, para onde correm as águas.

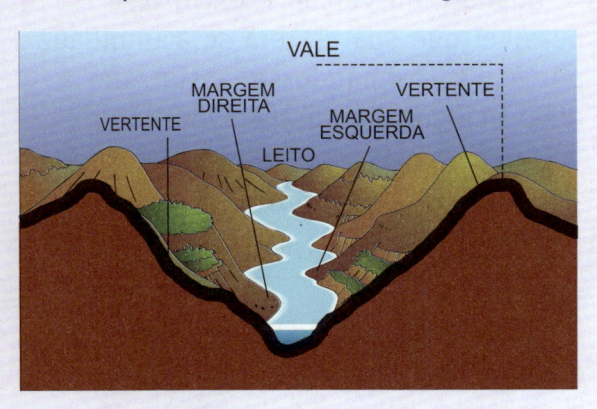

PERFIL TRANSVERSAL

O desenho desse perfil nos mostra as duas vertentes, as duas margens e o leito fluvial. Todo esse conjunto é o vale fluvial.

O conjunto formado por um rio principal e seus afluentes é chamado de rede fluvial. A região ou superfície banhada por essa rede é chamada bacia fluvial.

O conjunto de um rio e seus afluentes faz lembrar uma árvore com ramos. Cada ramo, um afluente, tem sua bacia receptora, e todas elas constituem, reunidas, a zona de alimentação de uma bacia fluvial. As ravinas e as cristas do relevo separam, umas das outras, as bacias que vão aumentar as águas de um rio.

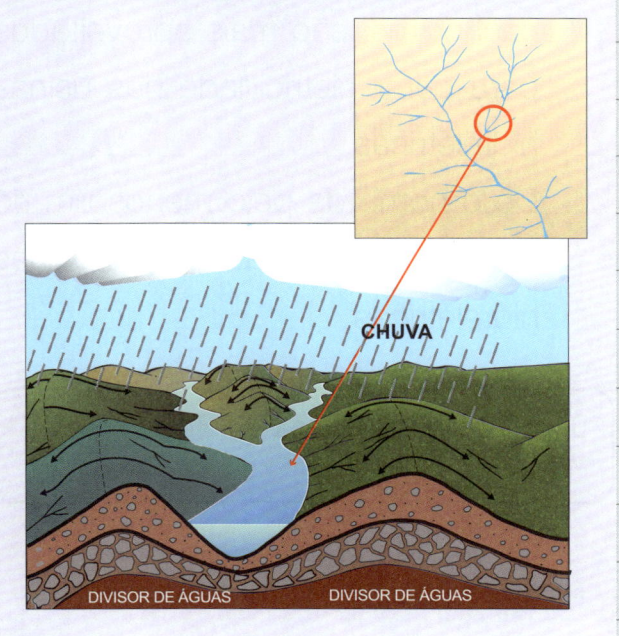

3. O aproveitamento econômico dos rios é bem diversificado. Podemos aproveitar as águas para abastecer os mananciais das cidades, para irrigar as plantações e para gerar eletricidade. Podemos ainda pescar, navegar e praticar esportes nas águas fluviais.

Identifique um rio de sua cidade ou de seu estado e descreva o uso que se faz dele.

4. Os rios de planalto, com muitas cachoeiras, são mais aproveitados para gerar eletricidade nas usinas hidrelétricas.

Dê o nome de pelo menos um rio brasileiro aproveitado pelas usinas hidrelétricas.

Dica: consulte o mapa do Brasil, no Miniatlas.

5. Pela localização, descubra quais são os rios mais extensos e os mais caudalosos do mundo e complete o texto a seguir: Os rios mais extensos do mundo são o Amazonas, na América do _____ (Peru e _____), com 6.868 km; o Nilo, na _____ (Uganda, Sudão e Egito), com 6.695 km; o Yang-Tsé-Kiang (rio Azul), _____ (China), com 6.380 km, e o Mississippi-Missouri, na _____ (Estados Unidos), com 6.019 km. Os rios com maiores volumes de água são o Amazonas, no _____, e o Congo (ou Zaire), na _____.

OS LAGOS E AS BACIAS LACUSTRES

Entende-se por lago uma extensão de água circundada por terras.

Os lagos naturais formam-se da água que se acumula numa depressão de rocha impermeável ou que é impedida de escoar por uma barreira.

Quando um vulcão é extinto, é possível que sua cratera seja inundada por águas, formando-se, assim, um novo acidente geográfico: um lago.

Extinto – que deixou de existir.
Lacustre – relativo a lago.

Como os rios, os lagos podem ter origem numa fonte (ou nascente), ser alimentados por rios (afluentes) e ser a origem de alguns rios (emissários).

América do Norte – Lagos

Fonte: SIMIELLI, M. E. *GeoAtlas*. São Paulo: Ática, 2002.

6. Pesquise em livros, revistas e internet e complete as frases a seguir. Utilize também um atlas ou os mapas do Miniatlas.

a) O lago mais extenso do mundo é o Cáspio, também chamado mar Cáspio, localizado na fronteira da _____ com o Cazaquistão, o Turcomenistão, o Azerbaijão e o Irã, entre a _____ e a Ásia.

b) No Brasil, o lago mais extenso é a Lagoa dos _____, no Rio Grande do Sul.

c) O lago mais profundo do mundo é o _____, na Ásia, na fronteira da Rússia com a Mongólia, com profundidades superiores a 1.500 m em alguns pontos.

d) A bacia lacustre mais importante do mundo é o complexo dos Grandes Lagos, na América do Norte, na fronteira entre os Estados Unidos e o _____. São os lagos _____, _____, _____, _____ e _____, e toda essa bacia lacustre é a mais navegada do mundo.

e) Entre os lagos Erie (EUA) e Ontário (Canadá), estão as Cataratas do Niágara. É no lago Ontário, na fronteira dos _____ com o Canadá, que nasce o rio _____.

f) Outra importante particularidade lacustre é o Titicaca, na fronteira entre o Peru e a _____, na América do _____. Localizado na cordilheira dos _____, numa altitude de quase 4.000 m, o Titicaca é o lago mais alto do mundo.

g) Na África encontram-se também lagos importantes, principalmente na porção oriental do continente. Destaca-se, na extensão e na importância, o lago _____, a principal nascente do rio Nilo.

h) Também muito importante economicamente é o lago Maracaibo, na _____, onde há intensa exploração de petróleo.

7. Além das ilustrações deste capítulo, você pode rever a representação da paisagem natural, na página 51, para responder às questões a seguir.

a) O que é nascente de rio?

b) O que é leito de rio?

c) O que é margem direita de rio?

d) O que é jusante?

e) O que é montante?

f) O que se entende por rio acima e rio abaixo?

g) O que é afluente de rio?

8. Faça a correspondência, associando as características aos respectivos rios:

a) Rio Reno
b) Rio Yang-Tsé-Kiang
c) Rio Amazonas
d) Rio Congo
e) Rio São Lourenço
f) Rio Ganges
g) Rio Nilo

( ) o maior da África; atravessa o Saara.

( ) o rio sagrado da Índia; corre ao sul do Himalaia.

( ) o maior da China (rio Azul).

( ) o mais navegado da Europa.

( ) o rio mais extenso do mundo.

( ) fica na África Central; grande volume de água.

( ) o mais navegado da América do Norte.

9. Existe algum rio, lago ou córrego na sua cidade? Se houver vários, escolha um e faça um relato de como ele se encontra em termos de sua preservação.

10. Clima

Por causa da inclinação do eixo imaginário, em torno do qual a Terra gira em rotação, e por causa da incidência dos raios solares sobre o planeta, a superfície terrestre está dividida em cinco regiões diferentemente aquecidas, que são as zonas térmicas.

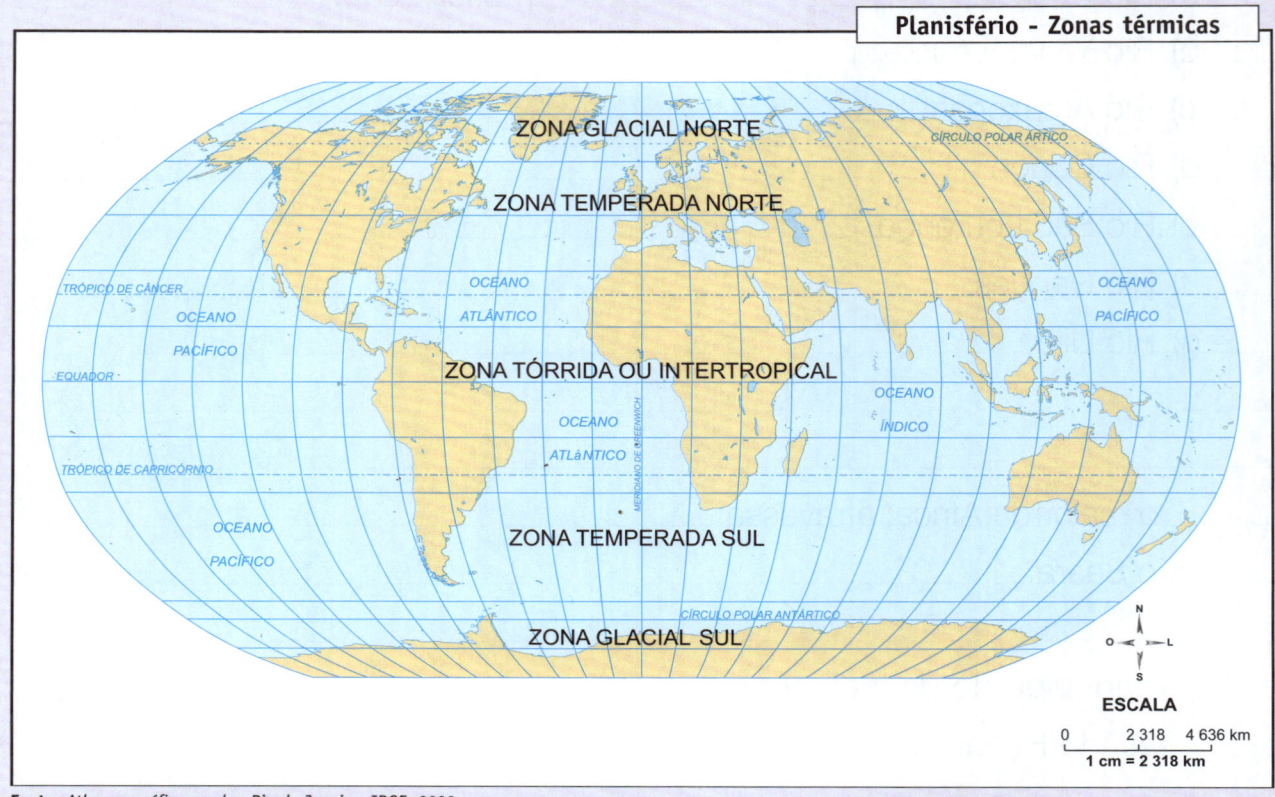

Planisfério - Zonas térmicas

Fonte: *Atlas geográfico escolar*. Rio de Janeiro: IBGE, 2009.

1. Observe o mapa acima e complete os textos.

a) **Zona tórrida** ou _____ – localizada entre o Trópico de _____ e o _____ de Capricórnio – é a região mais quente da Terra, pois é a mais atingida diretamente pelos raios solares. No interior da zona intertropical, demarcada pela linha do _____, encontra-se a região equatorial. Nessa região, desconsiderando outros fatores que influenciam o clima, podemos dizer que faz calor o ano todo, mesmo no inverno.

b) **Zonas glaciais** ou frias – localizadas em torno dos polos, dentro dos círculos polares, como a Zona _____ Norte, junto à região Ártica, e a _____ Sul, junto à região Antártica. Essas zonas glaciais são as mais _____ da Terra, pois são as menos atingidas diretamente pelos raios solares. Nelas, a temperatura é _____ o ano inteiro, mesmo durante o verão.

c) **Zonas temperadas** – localizadas entre os trópicos e os círculos polares. A zona temperada norte é limitada pelo Círculo Polar _____ e pelo Trópico de _____ ; a zona temperada sul é limitada pelo Círculo Polar _____ e pelo Trópico de _____ . Nas zonas temperadas, as estações do ano são bem definidas, com verão bem quente e inverno bastante frio.

2. No planisfério a seguir:

a) Pinte de azul as zonas polares ou glaciais, de amarelo as zonas temperadas e de laranja as zonas tórridas da Terra.

b) Localize e escreva nos lugares correspondentes: Equador, oceano Atlântico, oceano Pacífico, oceano Índico e os nomes das zonas climáticas ou térmicas.

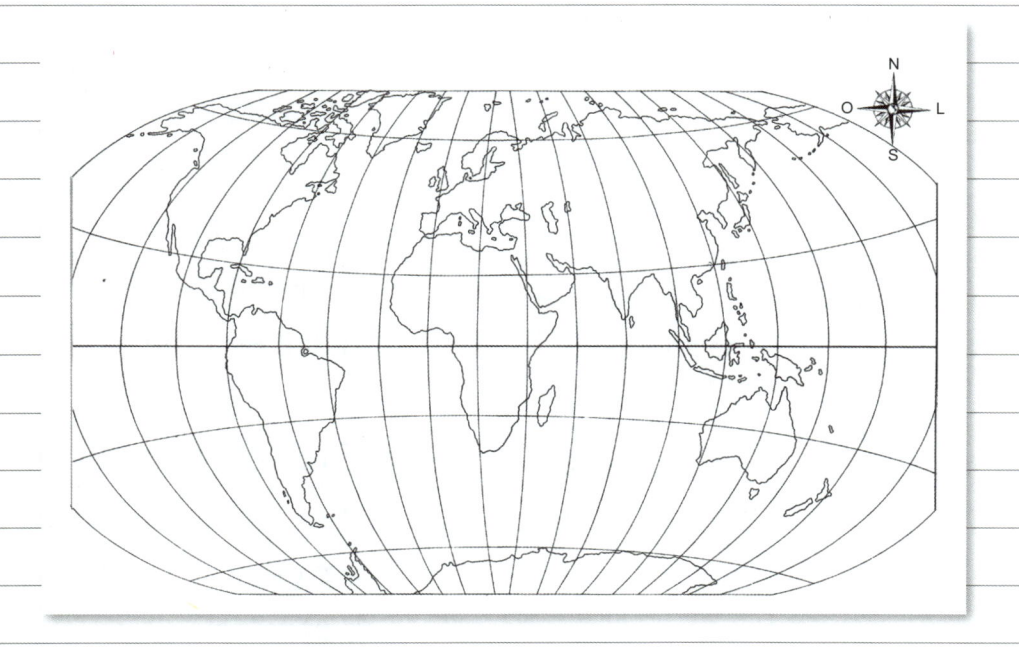

TEMPO E CLIMA

O tempo é o estado do ar (ou da atmosfera) num dado momento. Ele depende principalmente de fatores como a temperatura, a pressão atmosférica e os ventos, a umidade atmosférica e as chuvas.

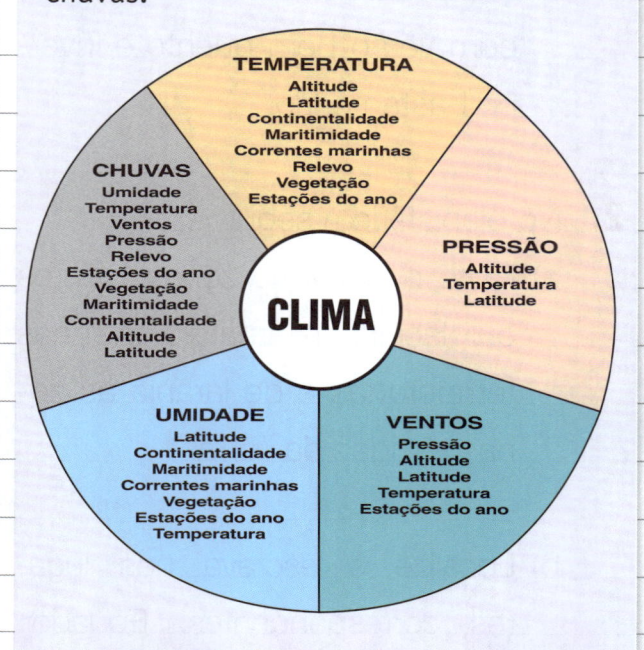

TEMPERATURA: Altitude, Latitude, Continentalidade, Maritimidade, Correntes marinhas, Relevo, Vegetação, Estações do ano

CHUVAS: Umidade, Temperatura, Ventos, Pressão, Relevo, Estações do ano, Vegetação, Maritimidade, Continentalidade, Altitude, Latitude

PRESSÃO: Altitude, Temperatura, Latitude

UMIDADE: Latitude, Continentalidade, Maritimidade, Correntes marinhas, Vegetação, Estações do ano, Temperatura

VENTOS: Pressão, Altitude, Latitude, Temperatura, Estações do ano

CLIMA

A sucessão dos estados de tempo durante o ano numa região ou o comportamento anual do tempo numa localidade é o que chamamos **clima**.

Os elementos climáticos são fenômenos que agem diretamente sobre o clima. A temperatura do ar, a pressão atmosférica e os ventos, a umidade do ar e as chuvas formam o conjunto que caracteriza o tempo.

Os fatores climáticos agem indiretamente sobre o clima, isto é, agem sobre os elementos climáticos.

Os principais fatores climáticos são a altitude, a latitude, as estações do ano e a vegetação, a maritimidade e as correntes marítimas, a continentalidade e o relevo.

3. Observe os gráficos a seguir e complete os textos com as palavras do quadro:

> diminui – altas – elevadas
> gelo – aumento – África – baixas

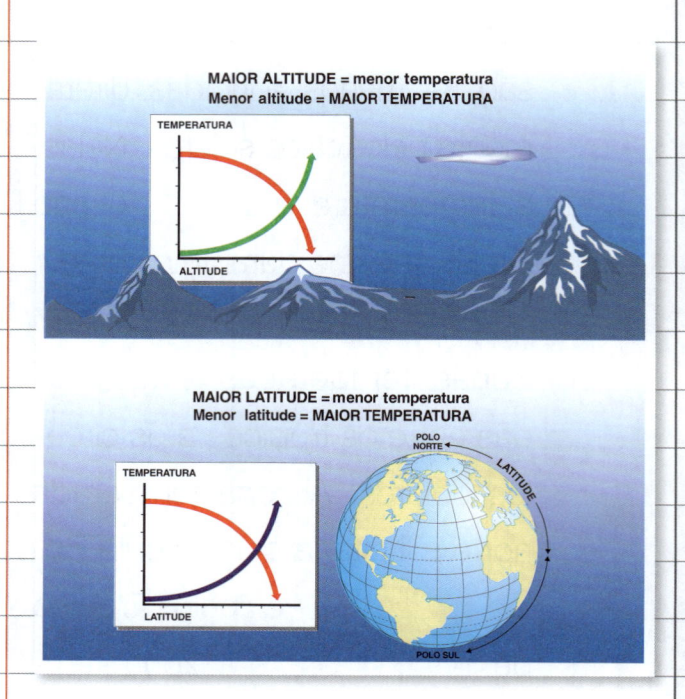

MAIOR ALTITUDE = menor temperatura
Menor altitude = MAIOR TEMPERATURA

MAIOR LATITUDE = menor temperatura
Menor latitude = MAIOR TEMPERATURA

a) Como a atmosfera é aquecida de baixo para cima e como o ar é mais denso junto à superfície e mais rarefeito nas alturas, a temperatura _____ com o aumento de altitude.

b) É por essa razão que os cumes das montanhas mais elevadas, em geral, ficam eternamente cobertos de _____.

c) A temperatura diminui com o _____ da latitude, porque a região equatorial recebe os raios solares mais diretamente e durante o ano todo, ao contrário das regiões polares.

d) É por essa razão que nas regiões polares, de _____ latitudes, as temperaturas são baixas o ano todo, com ocorrência também de geleiras.

e) Na região equatorial, de _____ latitudes, as temperaturas são _____ o ano inteiro. Mesmo assim, os picos de montanhas com altitudes de 4.000 m ou mais encontram-se cobertos pelo gelo eterno.

f) É o que ocorre com o pico Kibo, com altitude de 6.000 m, no maciço do Quilimanjaro, na _____ Oriental.

4. Resolva os seguintes exercícios.

a) Lembrando as zonas térmicas da Terra, vamos ver se você

Monte Quilimanjaro, Tanzânia – África.

descobre de que regiões do globo são essas características:

I. Queda de neve durante o inverno;
II. rios congelados durante boa parte do ano;
III. clima frio polar;
IV. pouco povoamento;
V. tem como habitantes os inuítes (conhecidos como esquimós) e os lapões.

b) Tente assinalar a alternativa correta sem consultar o mapa e justifique sua resposta.

As regiões de altas latitudes estão:
I. Entre os círculos polares e trópicos.
II. Próximas ao Equador.
III. Próximas aos polos.
IV. Entre o Equador e os trópicos.
V. Entre os círculos polares e o Equador.

OS VENTOS

O vento é o ar em movimento.

PRINCIPAIS TIPOS DE VENTO

Constantes
- alísio
- contra-alísio

Periódicos
- brisa
- monção

Variáveis ou irregulares

Locais

CONSTANTES

O vento alísio é o movimento constante ou regular de ar úmido dos trópicos para o Equador, em baixas altitudes, provocando chuvas e calmarias ao longo da zona equatorial.

O contra-alísio é o vento de retorno, em altas altitudes e seco.

PERIÓDICOS

O vento do tipo brisa é o ar que se movimenta nos litorais, em certas horas, entre o continente e o mar. A direção da brisa é, ao anoitecer, da terra para o mar; ao amanhecer, do mar para a terra.

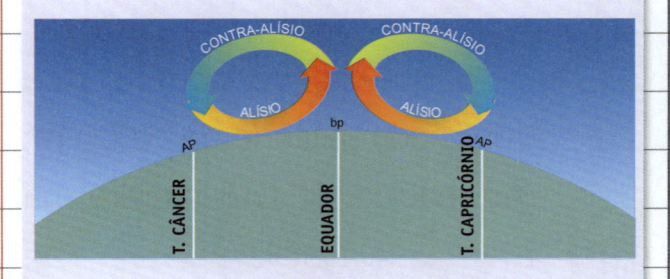

Muitos pescadores, principalmente aqueles que usam barco a vela, para aproveitar a direção da brisa, vão para o mar no início da noite e retornam ao amanhecer.

O vento do tipo monção é o ar que se movimenta entre o continente asiático (no hemisfério Norte) e o oceano Índico (no hemisfério Sul), durante as estações de inverno e verão.

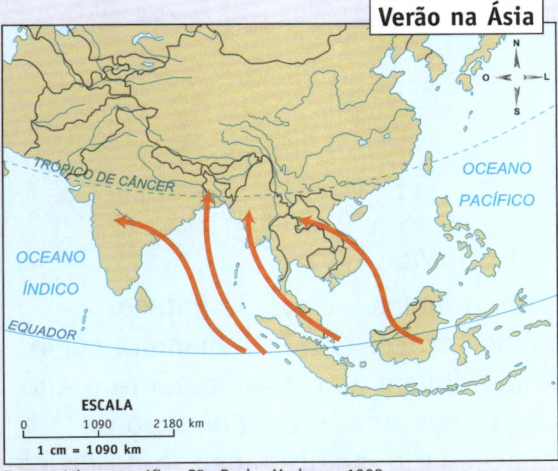

Nos meses de julho e agosto, verão no continente asiático, o ar úmido de origem oceânica movimenta-se para o continente, provocando chuvas e até inundações no sul da Ásia. É a monção de verão ou monção marítima ou monção oceânica.

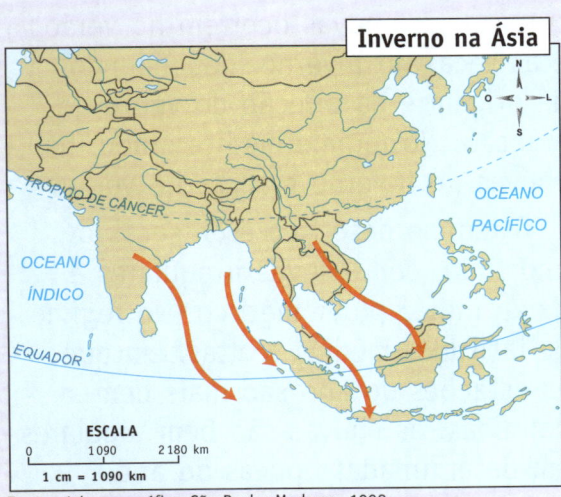

Nos meses de janeiro e fevereiro, inverno na Ásia, o ar seco de origem continental desloca-se para o oceano. É a monção de inverno ou a monção continental, que causa secas expressivas no sul do continente, na mesma região que pode ser inundada no verão.

5. Considerando as informações dos mapas a seguir, identifique:

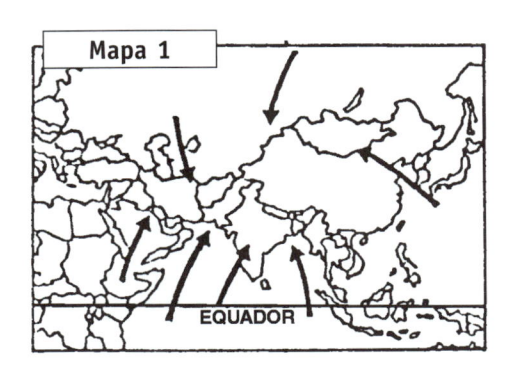

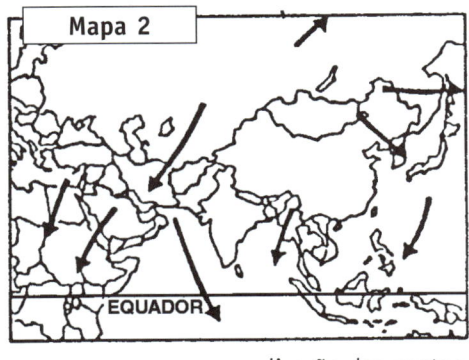

→ = direção dos ventos

a) A região representada.

b) O tipo de vento, representado pelas flechas, em cada um dos mapas.

71

Mapa 1

Mapa 2

c) A época e a estação do ano em cada mapa.

Mapa 1

Mapa 2

d) Consequências das situações apresentadas em cada mapa.

Mapa 1

Mapa 2

e) Um paralelo importante nas proximidades da região afetada pelos ventos.

f) O oceano que banha a região representada.

A CHUVA

Os principais tipos de regime pluviométrico, isto é, a maneira como se distribuem as chuvas durante o ano, são o equatorial e o tropical, o de monções e o mediterrâneo, o desértico e o de latitudes médias e altas.

No regime equatorial, chove o ano todo, principalmente na primavera e no outono; no regime tropical, como na maior parte do Brasil, temos chuvas no verão e secas no inverno.

No regime de monções, como no tropical, as chuvas ocorrem no verão e as secas no inverno, dependendo da origem e da direção do vento de monção. No regime mediterrâneo, há chuvas no inverno e secas no verão.

O regime desértico é de secas o ano todo, com chuvas irregulares e baixo índice pluviométrico. No regime de latitudes médias e altas, em que as estações do ano são mais bem definidas, as chuvas são bem regulares em determinadas épocas do ano.

AS MASSAS DE AR E O CLIMA

Massa de ar é uma porção de ar com características próprias de umidade e temperatura.

Nas regiões equatoriais e tropicais dominam as massas de ar quente; nas regiões polares dominam as massas de ar frio.

Essas massas de ar se movimentam numa série de avanços e recuos, determinando o estado do tempo e o tipo de clima por onde passam.

O clima é o comportamento anual do tempo numa localidade, determinado pela movimentação das massas de ar.

MASSAS DE AR			
QUENTE		FRIO	
ÚMIDO	SECO	SECO	ÚMIDO

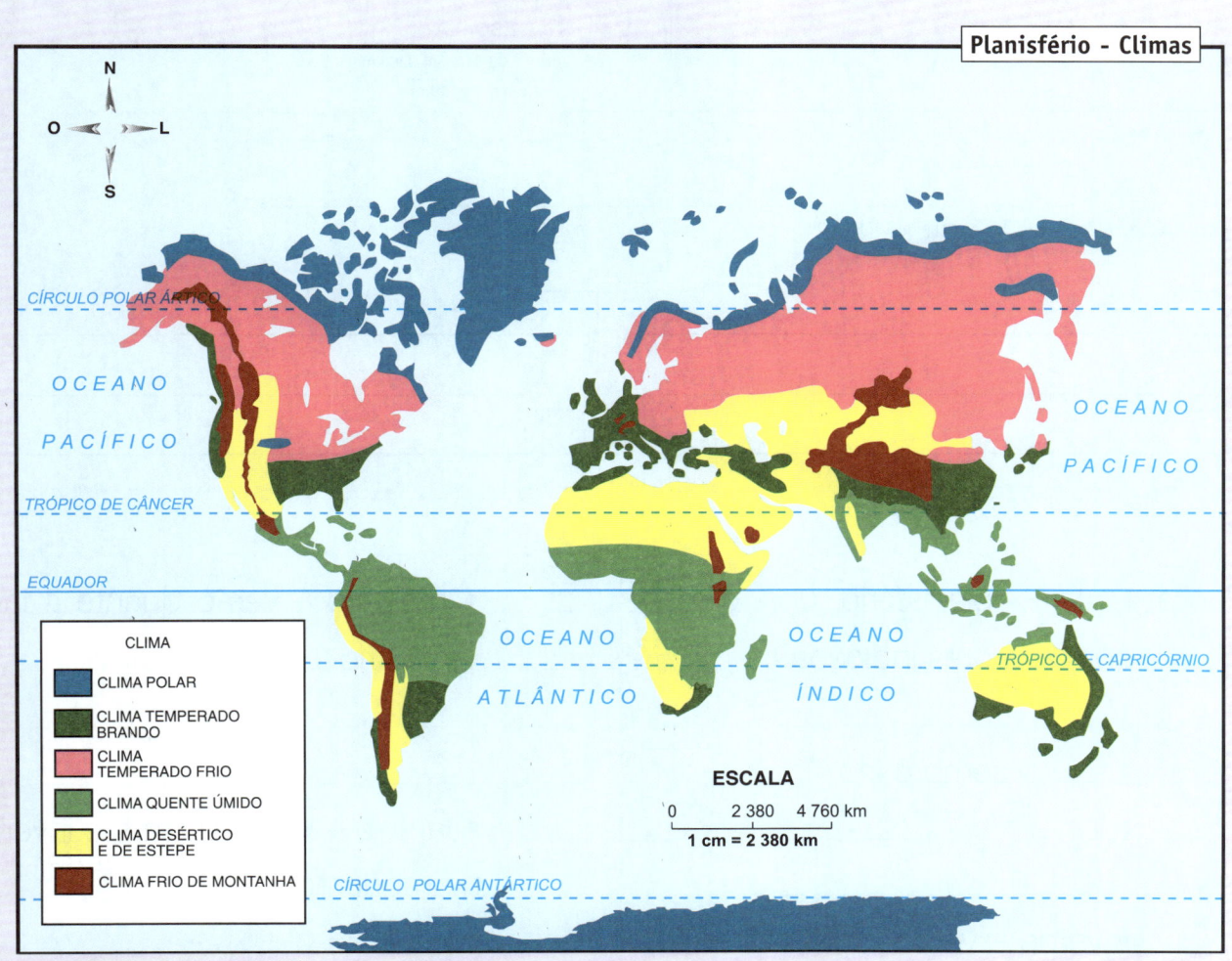

Planisfério - Climas

CLIMA
- CLIMA POLAR
- CLIMA TEMPERADO BRANDO
- CLIMA TEMPERADO FRIO
- CLIMA QUENTE ÚMIDO
- CLIMA DESÉRTICO E DE ESTEPE
- CLIMA FRIO DE MONTANHA

ESCALA
0   2 380   4 760 km
1 cm = 2 380 km

Fonte: *Atlas geográfico*. São Paulo: Melhoramentos, 2002.

6. Observe o planisfério e faça o que se pede.

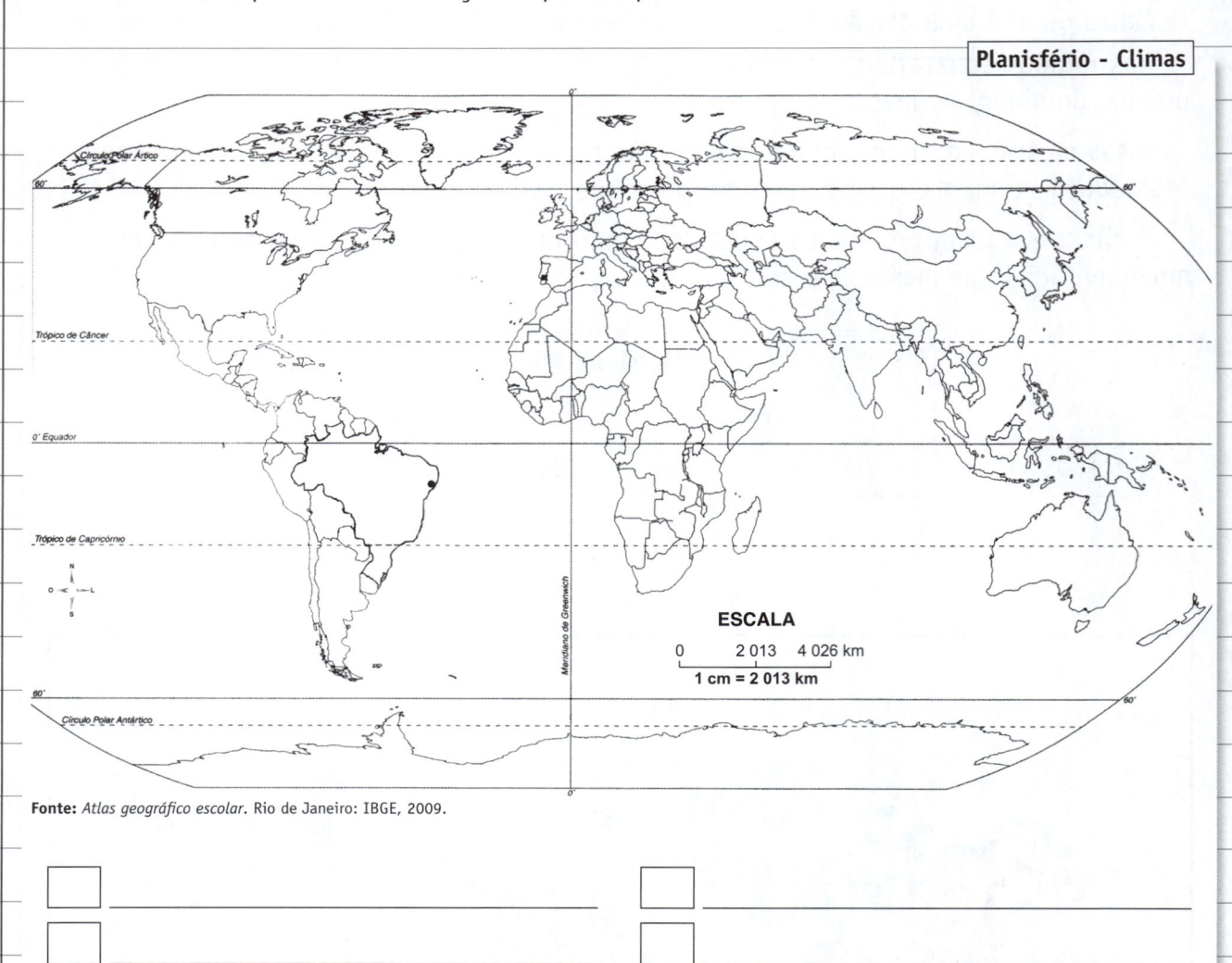

Planisfério - Climas

Fonte: *Atlas geográfico escolar*. Rio de Janeiro: IBGE, 2009.

☐ _____	☐ _____
☐ _____	☐ _____
☐ _____	☐ _____

a) Pinte o planisfério dos climas com as cores indicadas:

- azul – sempre frio

- verde – verão moderado e inverno frio

- amarelo – verão quente e inverno frio

- laranja – verão quente e inverno moderado

• vermelho – sempre quente

b) Compare-o com o planisfério de climas da página 73 e elabore sua legenda, pintando os retângulos e escrevendo os nomes dos climas.

c) Compare o planisfério que você pintou com o planisfério político e escolha uma cidade em cada clima para montar uma tabela.

Cidade	País	Clima

d) Identifique o clima de sua cidade ou de seu estado.

e) Recorte de jornais ou revistas uma imagem que represente o clima do lugar onde você vive e cole no espaço a seguir.

11. Vegetação

Vegetação é o conjunto de vegetais ou plantas que predominam em uma área ou região.

A variedade de espécies existentes, a quantidade de plantas presentes, o tamanho e a distribuição dos vegetais dependem de dois fatores geográficos muito importantes: o **solo** e o **clima**.

Nos solos orgânicos, ricos em húmus, existem formações vegetais mais ricas e densas; nos solos pobres, as formações vegetais são baixas e rarefeitas.

A **água** da umidade do ar e das chuvas, principalmente no solo, é essencial para a vida vegetal. A maior ou menor quantidade de água determina o tipo de vegetação e, assim, os vegetais podem ser de três tipos:

- **higrófitos** – ricos em folhagem, como a bananeira; são os vegetais que precisam de mais água e, por isso, só vivem em ambientes bem úmidos;
- **xerófitos** – pobres em folhagem e ricos em espinhos, como os cactos dos desertos; são os vegetais que precisam de menos água e que sobrevivem mesmo nos climas mais áridos ou semiáridos;
- **tropófitos** – perdem as folhas nas épocas mais secas, como o caquizeiro e o pessegueiro; são os vegetais que vivem em ambientes de umidade média, sem exageros.

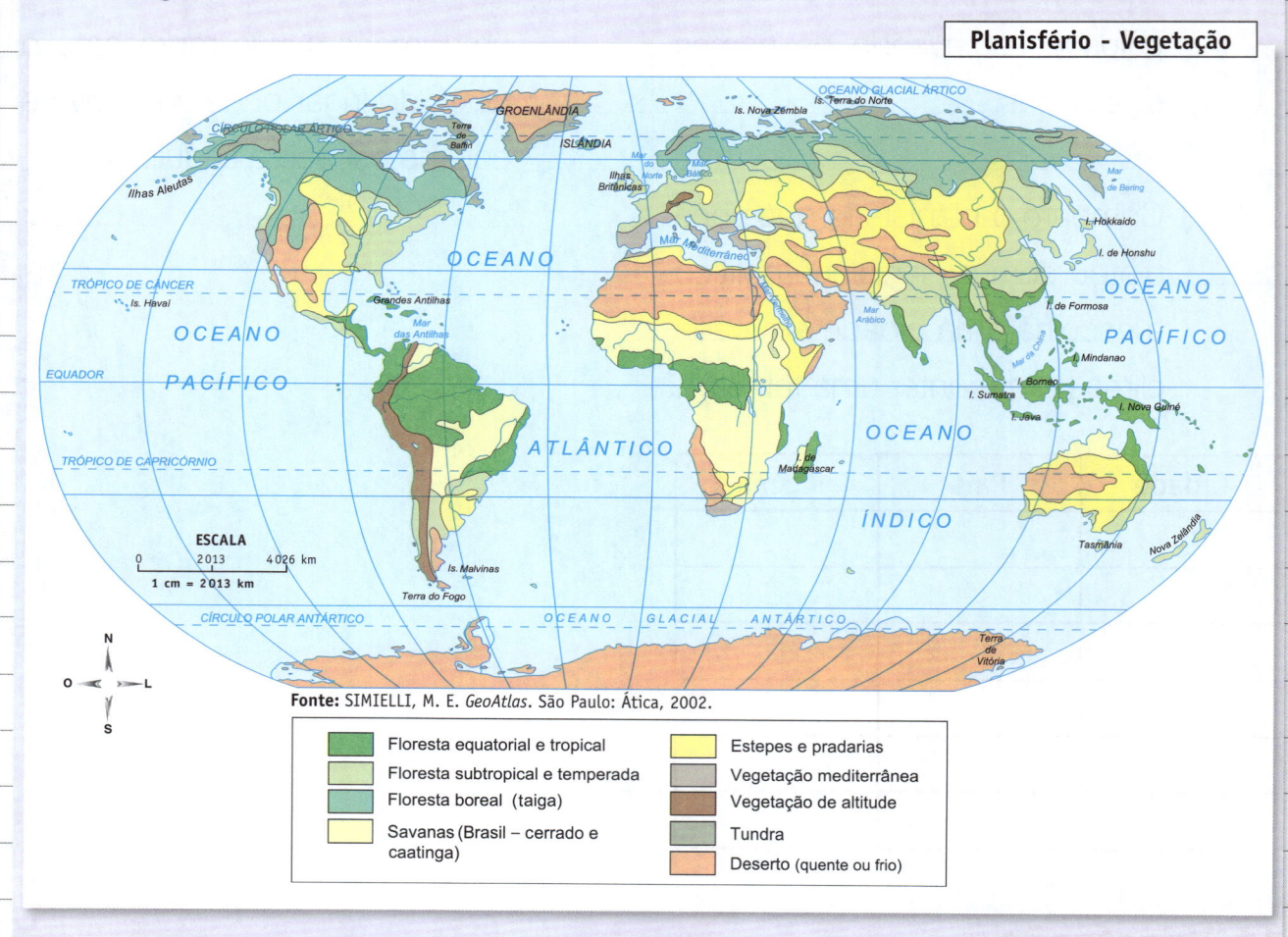

Planisfério - Vegetação

Fonte: SIMIELLI, M. E. *GeoAtlas*. São Paulo: Ática, 2002.

Legenda:
- Floresta equatorial e tropical
- Floresta subtropical e temperada
- Floresta boreal (taiga)
- Savanas (Brasil – cerrado e caatinga)
- Estepes e pradarias
- Vegetação mediterrânea
- Vegetação de altitude
- Tundra
- Deserto (quente ou frio)

1. Compare os mapas de clima e vegetação e observe se há alguma relação entre eles. Procure explicar suas constatações.

2. Baseado em seus conhecimentos sobre clima e vegetação, consulte os mapas e dê exemplos de regiões do globo onde encontram-se vegetais:

a) higrófitos

b) xerófitos

c) tropófitos

Nas regiões de clima quente e úmido, as florestas são fechadas ou densas e muito ricas em espécies. São as florestas equatoriais e tropicais, sempre verdes.

São paisagens ricas em madeira de lei, como o jacarandá, o jatobá, a caviúna e a imbuia.

As florestas subtropicais, em regiões de clima temperado quente, são abertas e apresentam poucas espécies vegetais.

É o caso da Mata dos Pinhais ou Mata de Araucárias, no Sul do Brasil, principalmente nos estados do Paraná e de Santa Catarina.

As florestas boreais ou de coníferas, também chamadas taigas, em regiões de clima temperado frio, em altas latitudes, são as florestas mais abertas e que apresentam a menor quantidade de espécies vegetais.

A taiga siberiana, na Rússia, e as florestas do Canadá e da Finlândia são florestas boreais ou de coníferas, muito exploradas economicamente para a produção de madeiras moles e de matéria-prima utilizada na fabricação de papel e celulose.

AS PAISAGENS VEGETAIS

A paisagem vegetal pode ser florestal, arbustiva e herbácea.

VEGETAÇÃO ARBÓREA

A paisagem florestal é a vegetação arbórea, isto é, formada por árvores, em regiões de climas quente, temperado ou frio.

3. Responda às questões a seguir.

a) O que é uma vegetação arbórea?

b) Identifique os tipos de vegetação arbórea, relacionando-os ao clima.

c) Que tipos de vegetal podem ser encontrados em cada tipo de floresta?

d) Qual é o aproveitamento econômico que se faz de cada tipo de floresta? Se precisar, pesquise em livros, revistas e na internet.

e) Compare o mapa de vegetação da página 76 com o planisfério político e dê exemplos de regiões do globo caracterizadas pelos diferentes tipos de floresta.

A DIVERSIDADE NA VEGETAÇÃO

A VEGETAÇÃO ARBUSTIVA

As paisagens ou formações arbustivas caracterizam as regiões de clima quente e subúmido. São formadas por arbustos de troncos e galhos retorcidos, dispersos em meio à vegetação rasteira.

São paisagens arbustivas as savanas da África, o jângal da Índia, os lhanos da Venezuela e os cerrados do Brasil Central.

A VEGETAÇÃO HERBÁCEA

As paisagens ou formações vegetais herbáceas são formadas de gramíneas.

São boas pastagens naturais, nas quais se pratica a criação de gado, como as estepes na Rússia, as pradarias nos Estados Unidos, os pampas na Argentina e no Uruguai e os campos ou campinas no Brasil, principalmente no Rio Grande do Sul.

AS PAISAGENS XEROFÍTICAS E DE ALAGADIÇOS

As paisagens ou formações vegetais xerofíticas são típicas de regiões de clima semiárido ou árido. São os cactos dos desertos, que armazenam água para resistir aos longos períodos de seca.

As formações ou paisagens vegetais de alagadiços são o mangue e a tundra.

O mangue é a vegetação das zonas pantanosas e dos litorais quentes.

A tundra é a vegetação de alagadiço que caracteriza as regiões polares e que surge somente no verão, quando ocorre o degelo.

AS VEGETAÇÕES COMPLEXAS OU DE TRANSIÇÃO

Na região do Pantanal Mato-Grossense, na fronteira do Brasil com a Bolívia e com o Paraguai, a vegetação é complexa, pois nela se encontram misturados vegetais arbóreos, arbustivos e herbáceos.

No Nordeste brasileiro, principalmente no estado do Maranhão, entre o clima úmido da Amazônia e o clima semiárido do sertão nordestino, localiza-se a Mata dos Cocais, onde se encontram o babaçu e a carnaúba, de importância econômica na região.

4. Observe o mapa a seguir.

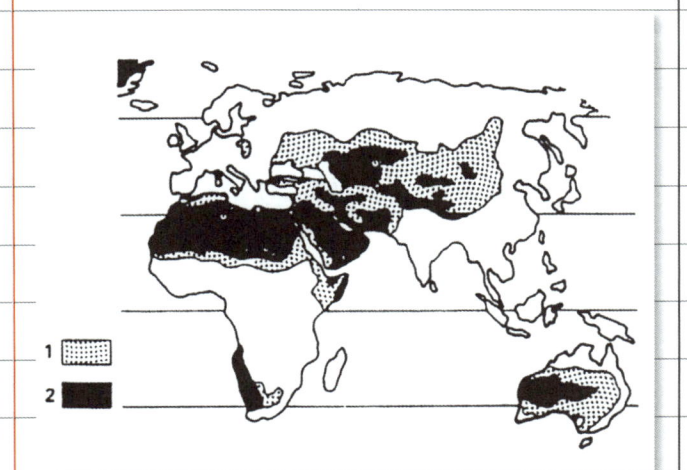

a) A legenda correta para os números 1 e 2 é, respectivamente:

A – Florestas equatoriais e florestas tropicais
B – Savanas e vegetação mediterrânea
C – Estepes e desertos
D – Florestas temperadas e taiga
E – Tundra e desertos

b) Descreva as características dessas paisagens, relacionando-as ao clima.

5. Que tipo de clima/vegetação ocorre entre os paralelos 55° e 70° lat. norte, com verões curtos e frios, além de precipitações escassas (de 300 a 600 mm), quase sempre em forma de neve?

A – Clima polar/tundra
B – Clima temperado continental/pradaria
C – Clima temperado oceânico/florestas de faias e carvalhos
D – Clima subpolar/taiga
E – Clima temperado continental/estepe

Justifique sua resposta.

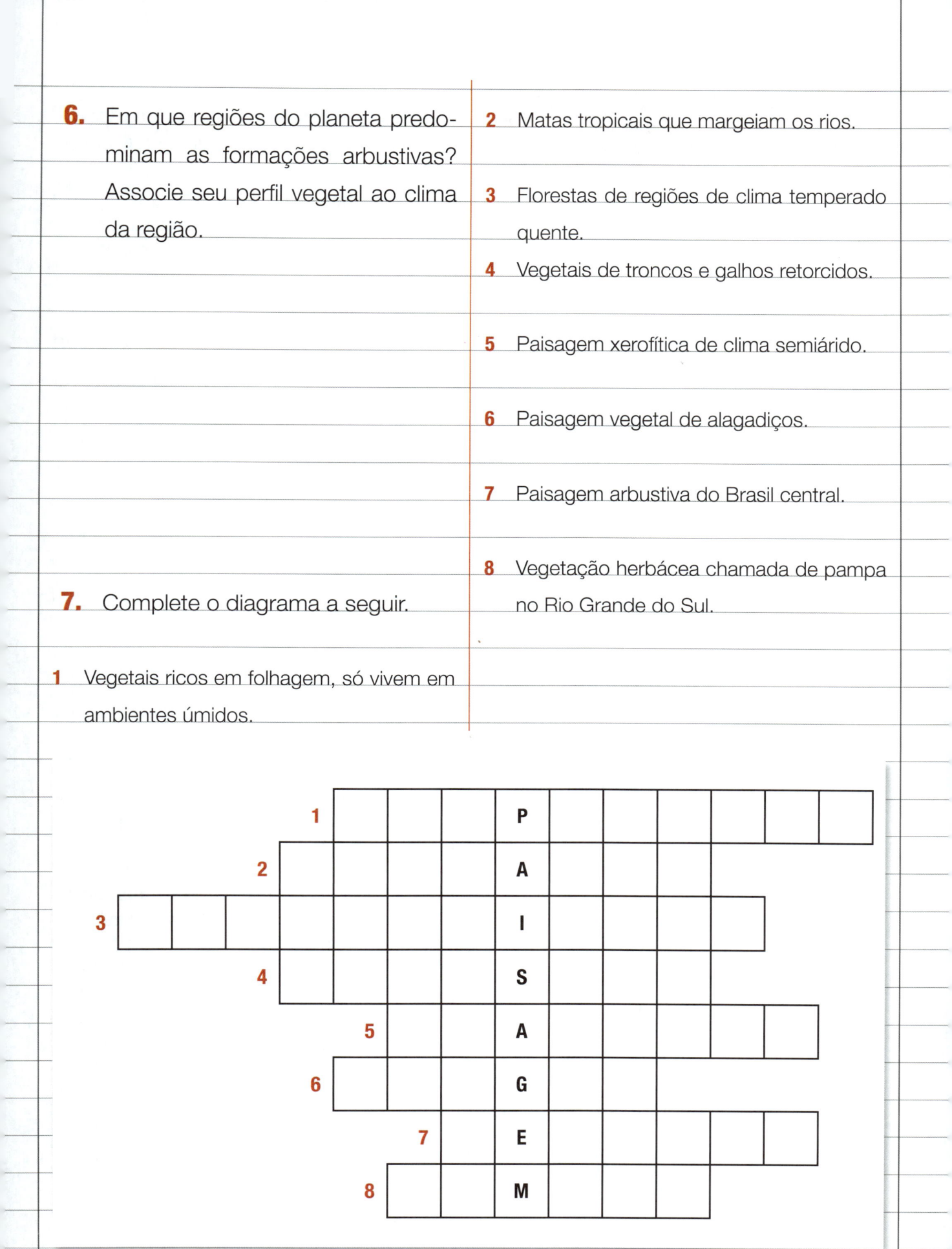

6. Em que regiões do planeta predominam as formações arbustivas? Associe seu perfil vegetal ao clima da região.

7. Complete o diagrama a seguir.

1 Vegetais ricos em folhagem, só vivem em ambientes úmidos.

2 Matas tropicais que margeiam os rios.

3 Florestas de regiões de clima temperado quente.

4 Vegetais de troncos e galhos retorcidos.

5 Paisagem xerofítica de clima semiárido.

6 Paisagem vegetal de alagadiços.

7 Paisagem arbustiva do Brasil central.

8 Vegetação herbácea chamada de pampa no Rio Grande do Sul.

```
1 _ _ _ P _ _ _ _ _
  2 _ _ _ A _
3 _ _ _ _ _ _ I _ _ _ _
    4 _ _ S _
      5 _ A _ _ _
      6 _ _ G _
        7 _ E _ _ _ _
          8 _ _ M _ _
```

A DINÂMICA DA SOCIEDADE

12. População

POPULAÇÃO ABSOLUTA

É o número total de habitantes de qualquer paisagem ou espaço geográfico.

Conhecendo as populações absolutas de dois ou mais espaços geográficos, podemos saber qual deles é o mais populoso e qual é o menos populoso.

Toda população, em qualquer parte do globo, precisa de certos recursos para viver.

Emprego, moradia, alimentação, educação, assistência médica, saneamento básico e transporte público são alguns exemplos das necessidades que as populações apresentam no mundo moderno.

Mas tudo isso requer planejamento, já que as populações podem apresentar rápido crescimento em curto espaço de tempo.

Quando se observa o ritmo de crescimento das populações, pode-se fazer um planejamento adequado para suas necessidades.

Esse trabalho tem de partir de dados corretos, a fim de que os técnicos possam fazer um planejamento adequado. É por isso que se fazem cálculos e pesquisas.

A população absoluta de um lugar é obtida ou calculada de duas maneiras: por recenseamentos e por estimativas.

O **recenseamento** ou **censo demográfico** é a contagem direta da população, feita em domicílio (de casa em casa), realizada, em geral, de dez em dez anos.

A **estimativa** da população é o cálculo anual da população absoluta, feito de maneira prévia ou antecipada.

1. Explique por que o estudo sobre as populações é importante para as sociedades.

2. Observe o quadro e resolva as questões a seguir.

OS DEZ PAÍSES MAIS POPULOSOS DO MUNDO – 2011	
País	População absoluta (em milhões)
1º China	1.347,6
2º Índia	1.241,5
3º Estados Unidos	313,1
4º Indonésia	242,3
5º Brasil	196,7
6º Paquistão	176,7
7º Nigéria	162,5
8º Bangladesh	150,5
9º Fed. Russa	142,8
10º Japão	126,5

Fonte: FNUAP – Fundo das Nações Unidas para a População, 2011.

a) Qual é o país mais populoso do globo e quantos habitantes ele tinha em 2011?

b) Qual é a posição do Brasil entre os países mais populosos do mundo?

c) Consulte o planisfério e descubra em que continente está localizado cada um dos países mais populosos do mundo e identifique suas capitais.

País	Continente	Capital

CRESCIMENTO DA POPULAÇÃO

A população de uma região sofre alterações todos os anos, normalmente aumentando, porém, às vezes, o número de pessoas diminui.
Essas alterações são causadas pelos movimentos verticais e horizontais da população.

Os movimentos verticais ou demográficos são a natalidade, a mortalidade e o crescimento natural ou vegetativo.

A natalidade ou índice (taxa) de natalidade é o número de nascimentos para cada mil habitantes que ocorre por ano em uma população.

A mortalidade ou índice (taxa) de mortalidade é o número de mortes ou óbitos para cada mil habitantes ocorrido por ano em uma população.

O crescimento natural ou vegetativo é a diferença entre a natalidade e a mortalidade, podendo ser indicado por mil (‰) ou por cento (%).

Exemplos:

natalidade	=	35‰
mortalidade	=	18‰
crescimento natural ou vegetativo	=	17‰ ou 1,7%

Os movimentos verticais ou demográficos alteram os valores da população regional e da população global.

Os movimentos horizontais ou transladativos são as mudanças de grupos humanos de um país para outro, de uma região para outra e do campo para a cidade.

São as migrações, a transumância e o êxodo rural movimentos que alteram apenas os valores regionais da população.

MOVIMENTOS POPULACIONAIS	
MOVIMENTOS VERTICAIS OU DEMOGRÁFICOS	**MOVIMENTOS HORIZONTAIS OU TRANSLADATIVOS**
• natalidade (*)	• migrações (→)
• mortalidade (†)	• transumância (⇆)
• crescimento natural ou vegetativo (↗)	• êxodo rural

3. Explique o que é crescimento vegetativo.

4. Um município brasileiro apresentou, durante 2012, os seguintes dados demográficos: 800 nascimentos e 160 mortes para uma população de 40.000 habitantes. A título de planejamento demográfico, auxilie os governantes desse município, calculando os seguintes dados:

a) Taxa de natalidade

b) Taxa de mortalidade

c) Crescimento vegetativo

d) População no ano seguinte

NATALIDADE, DESENVOLVIMENTO E MORTALIDADE

O ritmo de crescimento da população mundial vem diminuindo. Na metade da década de 1990, ela aumentava 82 milhões por ano.

Atualmente, o crescimento da população mundial é de cerca de 72 milhões por ano.

Países mais populosos do mundo	
Países	População (habitantes)
China	1.336.716.015
Índia	1.189.172.906
Estados Unidos	313.232.044
Indonésia	245.613.043
Brasil	190.775.799*

Fonte: U.S. Census Bureau, Internacional (2011).
*IBGE Censo Demográfico, 2010.

O crescimento da população mundial é resultante apenas do crescimento natural ou vegetativo, isto é, da diferença entre a natalidade e a mortalidade.

A mortalidade diminuiu muito na segunda metade do século XX, graças aos progressos da medicina e às políticas públicas mundiais em relação à saúde.

Esse elevado crescimento populacional que ocorre no mundo atual ficou conhecido como **explosão demográfica**.

O crescimento da população em determinada área, como país ou estado, região ou cidade, é resultante do crescimento natural ou vegetativo mais a diferença entre as entradas e as saídas de pessoas.

A população brasileira, que era pouco superior a 17 milhões em 1900, elevou-se para quase 52 milhões em 1950 e para mais de 169 milhões em 2000. Em 2011, a população brasileira estimada é de 196 milhões de habitantes.

5. Observe o gráfico a seguir e responda.

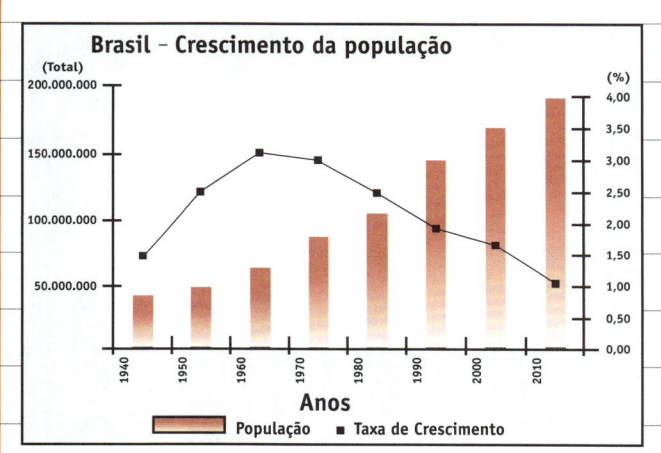

Brasil – Crescimento da população

Fonte: IBGE, Censo Demográfico, 2010.

a) Quando a taxa de crescimento da população brasileira começou a diminuir?

b) A partir dessa data, a população brasileira parou de crescer? Explique.

d) Por que o crescimento vegetativo da população brasileira tem sido cada vez menor?

c) O que é crescimento vegetativo?

Países industrializados ou **países desenvolvidos** – países que se industrializaram e atingiram elevados níveis de bem-estar material, compartilhados por amplas camadas da população. Exemplos: Alemanha, Austrália, Bélgica, Canadá, Estados Unidos, França, Holanda, Japão, Reino Unido, Suíça.

Países em desenvolvimento – expressão pela qual têm sido designados os países emergentes. Mais especificamente, o termo é aplicado aos países pobres que passam a apresentar progressos em suas economias, em termos de industrialização. Exemplos: Brasil, México, China, Índia, entre outros.

Países subdesenvolvidos – países pobres e economicamente atrasados, como é o caso da maioria dos países da América Latina, África e Ásia. Sua situação econômica caracteriza-se, em geral, por baixa renda *per capita*, grande dependência da exportação de um número reduzido de produtos primários, altos índices de desemprego e subemprego, subconsumo acentuado, índice de poupança muito reduzido e concentrado, e altas taxas de natalidade e mortalidade.

6. Releia os textos e responda.

a) O que são países industrializados? Cite exemplos, localizando-os no planisfério e indicando em qual hemisfério estão.

b) O que são países em desenvolvimento? Cite exemplos, localizando-os no planisfério e indicando em qual hemisfério estão.

Países mais populosos do mundo – 2011	
Países	População (habitantes)
China	1.336.716.015
Índia	1.189.172.906
Estados Unidos	313.232.044
Indonésia	245.613.043
Brasil	190.755.799*

Fonte: U.S. Census Bureau, International (2011).* IBGE Censo Demográfico, 2010.

Países mais povoados do mundo – 2011	
Países	(hab/km²)
Bangladesh	1.808
Coreia do Sul	492
Países Baixos	410
Japão	335

Fonte: U.S. Census Bureau, International (2011).

7. Na sua opinião, o número médio de filhos por família pode ter consequências sobre a população de um país? Quais?

A DISTRIBUIÇÃO DA POPULAÇÃO

A distribuição da população no globo é bastante irregular.

A população do globo é superior a 7.000.000.000, com uma densidade demográfica média de aproximadamente 47 hab/km², na área total das terras emersas.

Com relação aos continentes, o mais populoso é a Ásia, com mais de 3.924.200.000 de habitantes, aproximadamente 56% do total mundial, e é também o mais povoado, com aproximadamente 89,57 hab/km².

A Oceania, formada pela Austrália e por grande quantidade de ilhas, com aproximadamente 37.631.000 de habitantes e menos de 4,2 hab/km², é o continente menos populoso e menos povoado do globo.

Isso sem considerar a Antártida, que abriga uma pequena população de membros de equipes científicas.

DENSIDADE DEMOGRÁFICA

População relativa, ou **densidade demográfica**, é o número de habitantes por quilômetro quadrado (hab/km²).

A densidade demográfica, ou a população relativa, é o quociente ou resultado da divisão da população absoluta pela área do espaço geográfico ocupado.

população absoluta / área = densidade demográfica ou nº de habitantes/km²

8. Observe o mapa a seguir e complete com o que se pede.

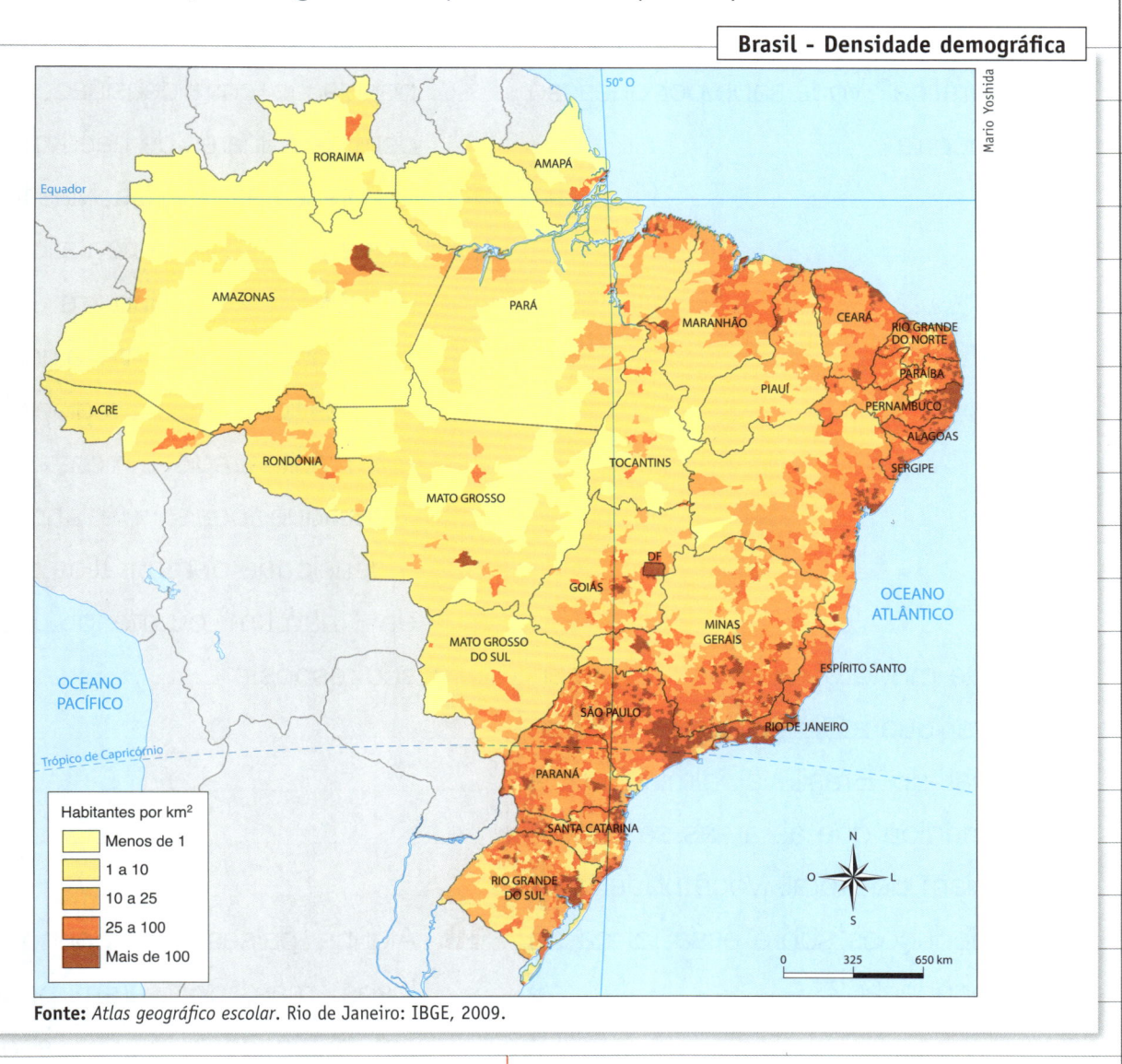

Brasil - Densidade demográfica

Fonte: *Atlas geográfico escolar*. Rio de Janeiro: IBGE, 2009.

a) Coloque no mapa as capitais dos estados e o Distrito Federal.

b) Tente localizar a sua cidade, escreva o nome dela e verifique como é o povoamento da área em que está situada.

c) Identifique as regiões mais povoadas do país.

d) Qual é a região brasileira que tem a menor densidade demográfica? Você sabe por que isso ocorre?

e) De modo geral, pode-se observar que a densidade populacional do Brasil vai diminuindo à medida que as áreas se distanciam do litoral. Você pode fazer deduções sobre essa forma de ocupação?

9. Em muitos países, mesmo no Brasil, existem algumas concentrações de população com densidades da ordem de milhares de hab/km^2, como acontece nas cidades. Mas também existem vazios demográficos com densidades de 1 hab/km^2 ou ainda menores, como acontece nos desertos, nas florestas, nas regiões polares e em muitas regiões montanhosas. Identifique locais no planeta onde a densidade demográfica pode ser de 1 hab/km^2 ou menor. Justifique sua resposta.

10. Alguns países são pouco populosos, mas, por serem pequenos em extensão territorial, são mais povoados, com milhares de habitantes por quilômetro quadrado.
Veja os países mais povoados do mundo na página 88 e dê a localização desses países, observando o planisfério.

O GÊNERO E A IDADE DA POPULAÇÃO

A igualdade numérica entre os gêneros masculino e feminino existe, em geral, entre as pessoas de até vinte anos. A desigualdade numérica entre homens e mulheres se dá, quase sempre, entre as pessoas com mais de vinte anos e por causas diversas.

O número de mortes por guerras, por acidentes e mesmo por doenças é maior no grupo masculino.

Os homens, em geral, vivem menos tempo que as mulheres. Por isso, é normal, entre adultos e idosos de uma população, haver mais mulheres que homens.

Somente em casos particulares, como em países com muitos imigrantes ou colonizadores – por exemplo a Austrália – e em cidades com grandes mercados de emprego, é que existem mais homens que mulheres.

A população brasileira está bem dividida. Quase metade é formada de homens e pouco mais é composta de mulheres.

A população está dividida, em geral, em três grandes faixas etárias:

- **população jovem**, entre 0 e 19 anos;
- **população adulta**, entre 20 e 59 anos;
- **população idosa**, com 60 anos ou mais.

Nos países subdesenvolvidos, a maior parte da população é jovem e existem poucos idosos. Nos países desenvolvidos, a maior parte da população é adulta e o número de idosos é grande.

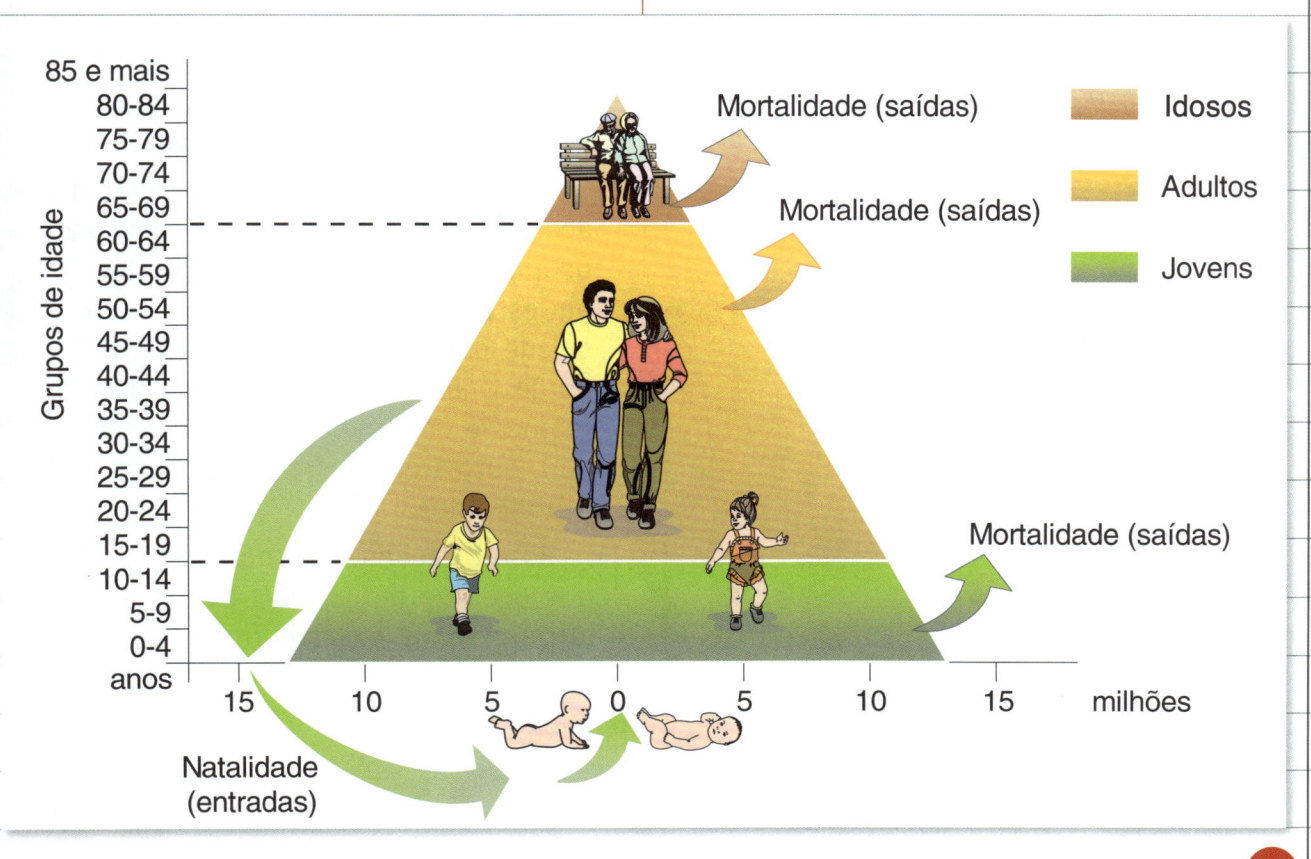

11. A partir da tabela a seguir, construa a pirâmide etária de uma cidade X, imaginária.

Idades	População masculina	População feminina
acima de 85	51	69
71 a 85	100	100
61 a 70	200	210
51 a 60	350	350
40 a 50	370	370
35 a 39	430	440
30 a 34	450	450
25 a 29	520	530
20 a 24	680	590
15 a 19	690	610
10 a 14	710	720
5 a 9	800	800
0 a 4	870	850

a) Escolha um nome para a cidade.

b) Desenhe o perfil da pirâmide.

Pirâmide etária da cidade _____

HOMENS — MULHERES

acima de 85 anos
71 a 85 anos
61 a 70 anos
51 a 60 anos
40 a 50 anos
35 a 39 anos
30 a 34 anos
25 a 29 anos
20 a 24 anos
15 a 19 anos
10 a 14 anos
5 a 9 anos
0 a 4 anos

POPULAÇÃO EM CENTENAS

c) Considerando o perfil da pirâmide etária, essa cidade deve estar num país desenvolvido ou subdesenvolvido? Por quê?

13. Migração

As migrações são as mudanças de pessoas de uma região para outra. Podem ser internas ou externas.

As **migrações internas**, aquelas que acontecem dentro dos limites do país, ocorrem de uma região para outra, de um estado para outro e até de uma cidade para outra. Por exemplo: os nordestinos que mudaram para outras regiões e os mineiros que mudaram para outros estados são migrantes internos no Brasil.

As **migrações externas** são aquelas que ocorrem de um país para outro, cruzando uma ou mais fronteiras.

A migração externa compreende a emigração e a imigração.

> A **emigração** é a saída de pessoas de um país; a **imigração** é a entrada de pessoas em um país.
>
> As principais causas de emigrações são as crises econômicas, como, por exemplo, o desemprego, as guerras e as revoluções, as secas e as inundações, as epidemias, e as perseguições políticas e religiosas.

1. Explique o que são e dê exemplos de migrações internas.

2. Quais são as principais causas das emigrações?

3. Leia o texto a seguir e complete as lacunas com as seguintes palavras:

> emigrantes – italianos
> portugueses – aculturação
> espanhóis – costumes – salários
> japonesa – Japão – alemães
> imigrantes

Para facilitar a **aculturação**, isto é, aprender os costumes dos novos vizinhos, os _____ procuram países ou lugares onde as culturas são mais ou menos parecidas com as de suas origens.

A aculturação de imigrantes no Brasil é mais fácil para _____, _____, e latino-americanos; é mais difícil para alemães, ingleses, russos e chineses.

A concentração de imigrantes de cultura muito diferente daquela do povo do país de imigração dificulta ainda mais a _____. Essas concentrações em que os imigrantes conservam seus _____ e não são aculturados são os chamados **quistos culturais**, como os formados por _____ no estado de Santa Catarina.

Um grave problema que muitas

93

vezes os _____ enfrentam é o preconceito.

Um exemplo próximo está nos nisseis e ainocôs, que, nos últimos anos, têm emigrado para o _____ à procura de emprego e melhores _____.

Os brasileiros (decasséguis) não têm sido bem recebidos pela população _____ e são marginalizados.

Essa atitude é surpreendente, pois o preconceito mostra-se como retrocesso cultural.

TRANSUMÂNCIA

A transumância é o movimento horizontal periódico, de vaivém, entre dois lugares, causado por fatores climáticos, como secas ou inundações temporárias e certas estações do ano.

Esse movimento é típico dos pastores nômades, que ficam entre as pastagens de planície e de montanha, nas regiões temperadas e frias.

O pastor nômade vive, com seu rebanho, na pastagem da montanha durante o verão e o outono.

Como o inverno é muito rigoroso nas montanhas e a pastagem já foi esgotada, o pastor muda-se para a planície, onde passa o inverno e a primavera.

Na passagem da primavera para o verão, após o degelo da neve e a recuperação da pastagem na montanha, o pastor retorna, deixando a pastagem da planície descansar até chegar o outro inverno.

No Brasil, a transumância provocada pelas secas ocorre no Nordeste, entre o sertão e a Zona da Mata.

Nessa transumância nordestina, pequenos sitiantes sertanejos e outros trabalhadores rurais dedicavam-se às suas roças durante a época das chuvas. Na época das secas, esses sertanejos mudavam-se para a Zona da Mata, onde iam trabalhar como empregados nas grandes plantações de cana-de-açúcar ou nas salinas.

A volta ao sertão só acontecia na época de fazer nova plantação, no começo da outra estação chuvosa.

TRANSUMÂNCIA
trans – *por meio de*
húmus – *terra*
ância – *ação ou resultado da ação*

---

4. Se usássemos este símbolo (⇄) para transumância, como você entenderia ou imaginaria esse movimento da população?

5. O que é transumância?

6. A palavra **decasségui** surgiu para designar, no passado, a população de japoneses do norte que migraram para o sul do arquipélago em busca de trabalho, durante o período de inverno. Composto dos ideogramas japoneses "sair" e "ganhar dinheiro", o termo tornou-se sinônimo do migrante que alimentava o desejo de voltar à terra de origem. Como é denominado esse tipo de migração?

7. Pesquise em livros, revistas e internet por que o termo **decasségui** vem sendo utilizado para designar os brasileiros que têm migrado para o Japão. Caracterize esse movimento.

ÊXODO RURAL

Esse movimento é muito comum nos países ou nas regiões que se encontram em fase de desenvolvimento, de industrialização e de urbanização.

Nessas condições, a cidade oferece um mercado de trabalho bem maior e aparentemente melhor que o campo, e isso atrai as famílias rurais.

No campo, a diminuição da mão de obra e a queda na produção provocam elevações nos preços dos produtos agropecuários, gerando alta no custo de vida.

Na cidade, com o aumento da concentração de população, as consequências mais graves são:
- desemprego e subemprego;
- alta de habitações;
- loteamentos que reduzem o cinturão verde;
- bairros operários sem infraestrutura urbana;
- o surgimento de ocupações irregulares, favelas e cortiços;
- problemas como a falta de água e de esgoto, de transporte e de eletricidade, de escolas e de alimentos.

No Brasil, houve intenso êxodo rural nos últimos quarenta anos, mudando completamente a distribuição da população brasileira entre a cidade e o campo.

A população urbana, que era de apenas 45% dos brasileiros em 1960, elevou-se para 87% atualmente, e foi esse êxodo rural que agigantou cidades como São Paulo, Rio de Janeiro, Belo Horizonte, Recife, Salvador, Fortaleza, Porto Alegre, Curitiba etc.

8. O que é o movimento chamado êxodo rural?

9. Quais são as consequências negativas do êxodo rural:

a) para o campo?

b) para a cidade?

10. Como foi o êxodo rural no Brasil nos últimos quarenta anos?

O CONTEXTO ECONÔMICO

14. As atividades agrícolas

Todas as atividades da plantação, desde o preparo da terra ou do solo, o plantio, os cuidados contra as pragas até a colheita e a colocação dos produtos vegetais para uso ou venda no mercado, são atividades agrícolas.

O conjunto de todas essas atividades é chamado **agricultura**.

Dependendo do fim a que se destina o produto agrícola, a agricultura pode ser de dois tipos: de subsistência e comercial.

Na agricultura de subsistência, a pequena produção é para o consumo da família produtora e para um pequeno comércio local, no caso dos produtos excedentes.

Na agricultura comercial, a grande produção é para a venda nos grandes mercados.

Dependendo da quantidade de produtos plantados, a agricultura também pode ser de dois tipos: a monocultura e a policultura.

A monocultura é a plantação comercial de um só tipo de produto; a policultura é a plantação comercial ou de subsistência de vários tipos de produto.

Quanto ao tamanho e ao aproveitamento das terras, existem quatro tipos de estabelecimentos ou propriedades rurais: a pequena propriedade e o minifúndio, a grande propriedade e o latifúndio.

A pequena propriedade é a de pequena extensão de terras bem aproveitadas, com boa produção. O minifúndio é a pequena extensão de terras mal aproveitadas, com baixa ou nenhuma produção.

A grande propriedade é a de grande extensão de terras bem aproveitadas, com alta produção. O latifúndio é a grande extensão de terras mal aproveitadas, com baixa ou nenhuma produção.

Como acontece em muitos países, os pequenos proprietários resolvem grande parte de seus problemas e de suas dificuldades agrícolas associando-se em cooperativas.

A cooperativa é uma associação de pequenos proprietários para conseguir orientação técnica e comercial, para a compra de máquinas e equipamentos, de fertilizantes, de inseticidas e de tudo o que for necessário para o uso e o bem comum dos associados.

1. O que é agricultura?

2. Que tipo de agricultura caracteriza a pequena produção para consumo familiar?

3. A agricultura de subsistência pode desenvolver uma monocultura? Por quê?

4. Qual é a diferença entre pequena propriedade e minifúndio?

5. Por que algumas grandes propriedades são chamadas latifúndios?

6. De que maneira os pequenos proprietários resolvem grande parte de seus problemas e suas dificuldades agrícolas?

7. Quais são os benefícios que os pequenos proprietários têm com a cooperativa?

8. A escolha do produto a ser plantado, o tipo de solo e de clima, a necessidade do mercado e o respeito ao meio ambiente.
Que tipo de propriedade precisa considerar esses itens?

15. As atividades criatórias

A atividade de criação e de reprodução de animais com fins econômicos é chamada **pecuária**.

Os animais criados e reproduzidos pela pecuária formam um conjunto chamado gado.

Na **criação intensiva**, o gado é criado em estábulos ou em confinamento – preso –, com grande investimento de tecnologia e métodos modernos de manejo.

Na **criação extensiva**, o gado é criado solto, geralmente com menos investimento técnico.

CRIAÇÃO BOVINA E CRIAÇÃO OVINA

Na criação bovina extensiva, o gado é solto nas pastagens. São feitas a criação de novilhos machos e fêmeas e a engorda de bois para corte – para a produção de carnes.

Esse tipo de criação bovina é muito comum nos ranchos das pradarias nos Estados Unidos e nos pampas da Argentina e do Uruguai.

No Brasil, onde mais se pratica a criação bovina extensiva é nos estados de Minas Gerais, Goiás, Mato Grosso do Sul e Rio Grande do Sul.

Na criação bovina intensiva, em que o gado é confinado em estábulos, vacas são criadas para a ordenha (produção de leite).

Nos países mais especializados nessa criação, como Suíça e Holanda, a produção de leite de uma vaca é elevada – entre 40 e 50 litros por dia.

Nesse tipo de criação, com ração complementar, recursos zootécnicos e cuidados veterinários, é feita também a seleção de raças e de touros. Às vezes se faz também a engorda de bois para corte.

Os maiores rebanhos bovinos do globo são encontrados na Índia, nos Estados Unidos, na Rússia e no Brasil.

A criação ovina intensiva é para a produção de lã. Os maiores produtores mundiais de lã são a Austrália, Rússia e Nova Zelândia.

A criação ovina extensiva é de corte, para a produção de carnes.

Criação bovina em São Paulo.

1. A partir da leitura do texto, responda às questões a seguir.

a) O que é pecuária?

b) Como é feita a criação intensiva?

c) Quando o gado é criado solto e com menor investimento técnico, qual é o sistema de criação?

2. Complete as lacunas.

a) A chamada pecuária de corte caracteriza a criação bovina _____, com a engorda de _____ para a produção de _____.

b) A criação _____ extensiva é comum nas pradarias dos _____ e nos _____ da Argentina e do _____.

c) A pecuária leiteira caracteriza a criação bovina _____, com a ordenha de _____ para produção de _____.

d) Os principais países da pecuária leiteira são _____ e _____.

e) Os maiores rebanhos bovinos estão no _____, na _____, na _____ e nos _____.

3. Releia o texto e descubra:

a) Os maiores produtores mundiais de lã:

b) Os maiores rebanhos de búfalos:

c) Os estados brasileiros onde mais se pratica a criação bovina extensiva:

4. Procure em jornais ou revistas uma imagem que represente a criação ovina no Brasil, recorte-a e cole-a a seguir.

CRIAÇÃO SUÍNA E CRIAÇÃO CAPRINA

O gado suíno também pode ser criado de maneira extensiva ou intensiva.

A criação extensiva de suínos, sem grandes cuidados técnicos, é comum para a produção de banha e de carnes para consumo do produtor.

Já a criação suína intensiva, em estábulos com toda a higiene, é para a produção de carnes e de couro para frigoríficos e indústrias.

Os maiores rebanhos de suínos do globo são encontrados na China, na Rússia, nos Estados Unidos e no Brasil.

A criação caprina extensiva é muito praticada nas regiões de climas áridos ou semiáridos e onde o relevo é bem acidentado. Destina-se à produção de carnes. A intensiva ou estabulada é destinada à criação de cabras para a produção de leite e de cabritos para o fornecimento de peles e carnes.

Os maiores rebanhos caprinos do globo são encontrados na Índia e na China.

Criação caprina na Bahia.

5. Leia o texto e assinale as respostas corretas.

- Os maiores rebanhos suínos estão

a) na China.

b) no Japão.

c) na Rússia.

d) no Brasil.

e) na França.

f) nos Estados Unidos.

- Os maiores rebanhos caprinos estão
    a) nos Estados Unidos.

    b) na Argentina.

    c) na China.

    d) no Uruguai.

    e) na Índia.

    f) na Suíça.

6. Nas frases a seguir, coloque as siglas corretas:

CSE = criação suína extensiva

CSI = criação suína intensiva

CCE = criação caprina extensiva

CCI = criação caprina intensiva

a) (   ) Destinada à produção de leite e ao fornecimento de peles e carnes.

b) (   ) Praticada em estábulos, com toda a higiene, para a produção de carnes e couro para frigoríficos e indústrias.

c) (   ) Destinada à produção de carnes, é praticada nas regiões de climas áridos ou semiáridos com relevo acidentado.

d) (   ) Destinada à produção de banha e carnes para consumo do produtor.

CRIAÇÃO DE EQUINOS, ASININOS E MUARES

A criação equina é extensiva quando os cavalos e as éguas são destinados à montaria ou ao corte para a produção de carne.

Devido à grande agilidade desses animais, a criação equina intensiva ou estabulada seleciona e prepara os animais para esportes.

A criação asinina é extensiva quando os animais, jumentos ou jegues, são destinados ao uso na tração animal ou ao corte. É intensiva quando destinada a criar e selecionar reprodutores.

Os muares são os burros e as mulas ou bestas. Esses animais são descendentes de cruzamentos entre equinos e asininos.

Criação equina no Pantanal do Mato Grosso.

7. Assinale a afirmativa errada e justifique sua escolha.

a) A criação equina intensiva prepara os animais para esportes.

b) Cavalos e éguas destinados à montaria ou ao corte são criados de forma extensiva.

c) A criação asinina extensiva prepara jumentos ou jegues para uso na tração animal e para corte.

d) Jegues reprodutores são criados de maneira intensiva.

e) O cruzamento entre muares e equinos tem como resultado os burros e as mulas.

AVICULTURA

A avicultura é a criação de aves para o corte e a produção de ovos.

Galinhas e frangos, patos, marrecos e gansos, perus e codornas são aves criadas em quase todos os quintais das zonas rurais. Mas o rebanho de aves mais numeroso é, sem dúvida, o de galináceos – de frangos e galinhas.

A criação galinácea extensiva é aquela destinada principalmente ao corte. É intensiva, nas granjas, quando destinada à produção de ovos e de carne.

O maior rebanho de frangos e galinhas no Brasil é o do Paraná e a maior produção de ovos é a do estado de São Paulo.

Avicultura em São Paulo.

8. Leia o texto e responda às questões a seguir.

a) O que é avicultura?

b) Dê exemplos de aves criadas para produção e destaque os rebanhos mais numerosos.

c) Qual é o destino da criação galinácea extensiva?

d) Qual é o destino da criação galinácea intensiva?

9. Identifique o maior produtor brasileiro de ovos e o maior rebanho de frangos e galinhas do País.

OUTRAS ATIVIDADES CRIATÓRIAS

A apicultura é a criação de abelhas em colmeias para a produção de mel e cera.

No Brasil, os maiores apiários produtores de mel são encontrados nos estados do Rio Grande do Sul, de Santa Catarina e do Paraná.

A piscicultura é a criação e a multiplicação de peixes.

A sericicultura é a criação de bichos-da-seda, muito praticada em: Japão, China, Coreia do Sul, Rússia, Índia e Coreia do Norte, países que são os maiores produtores mundiais de seda, extraída do casulo do bicho-da-seda.

Hoje, no Brasil e no mundo, podemos observar a exploração econômica de algumas espécies de animais silvestres, por meio de criação intensiva (em cativeiro) ou de manejo sustentado. É o caso de capivara, jacaré, ema, tartaruga etc.

10. Complete o diagrama a seguir.

1 Criação de abelhas em colmeias para a produção de mel e cera.
2 Animal silvestre criado em cativeiro.
3 Criação e multiplicação dos peixes.
4 Criação para a produção de carnes e banha para consumo do produtor.
5 Criação destinada à produção de ovos.
6 Animal silvestre criado pelo manejo sustentado.
7 Criação de bichos-da-seda.
8 Animal silvestre explorado economicamente.

		1		P						
			2	E						
	3			C						
			4	U						
5				Á						
		6		R						
7				I						
8				A						

11. Identifique os maiores apiários brasileiros e o continente dos maiores produtores mundiais de seda.

12. Observe o quadro a seguir e responda.

CRIAÇÃO NO BRASIL	
REBANHO	MAIORES CRIADORES
bovino	Mato Grosso, M. G. do Sul, M. Gerais.
bubalino	Pará, Amapá e Maranhão
ovino	R. G. do Sul, Bahia, Ceará e Piauí
caprino	Bahia, Piauí e Pernambuco
suíno	S. Catarina, R. G. do Sul e Paraná
equino	M. Gerais, Bahia e São Paulo
asinino	Bahia, Ceará e Piauí
muar	Bahia, M. Gerais, Maranhão e São Paulo

Fonte: IBGE – Pesquisa de Pecuária Municipal (PPM), 2009.

a) Seu estado se destaca na produção de algum desses rebanhos? Qual?

b) Qual, ou quais, desses rebanhos atende às necessidades de sua família? Por quê?

c) Qual estado apresenta maior diversidade de rebanhos?

16. As atividades de extração

No meio geográfico ou na paisagem existem muitos produtos úteis ao homem. Esses produtos são chamados recursos naturais.

Conforme a origem desses recursos, os produtos naturais podem ser de três tipos: vegetal, animal e mineral.

A retirada, ou exploração, desses recursos naturais feita pelo homem é a atividade extrativa ou de extração, também chamada de extrativismo ou indústria extrativa.

O extrativismo, de acordo com os reinos da natureza, pode ser **vegetal**, **animal** ou **mineral**.

A coleta de frutos silvestres e a derrubada de matas para fornecimento de madeira e lenha são atividades da **extração vegetal**.

Extração de látex no Acre.

A caça e a pesca, para fins econômicos, são atividades da **extração animal**.

A exploração, ou retirada de minérios, como carvão ou petróleo, ferro ou alumínio, é uma atividade de **extração mineral**.

1. Caracterize os tipos de atividade extrativa.

a) extrativismo vegetal –

b) extrativismo animal –

c) extrativismo mineral –

A EXTRAÇÃO VEGETAL

A maior parte da **extração vegetal** praticada no mundo é para a produção de madeira e lenha.

Estados Unidos, China, Índia e Brasil são os maiores produtores mundiais. Em sua maior parcela, a produção se divide em fins energéticos e industriais.

A extração vegetal também é muito praticada nas matas brasileiras.

Infelizmente, a exploração de madeira de forma predatória e sem reposição tem sido muito comum na Amazônia. A Mata dos Pinhais ou de Araucárias foi muito explorada e é uma das poucas que vem sendo reflorestada.

Muitos outros produtos vegetais são explorados na extração brasileira.

Os principais são:

- o **látex da seringueira**, usado na fabricação da borracha;
- a **castanha-do-pará**, que é muito exportada;
- a **carnaúba**, cera vegetal usada na fabricação de velas, tintas, vernizes e filmes;
- o **babaçu** e a **oiticica**, usados na fabricação de óleos;
- a **erva-mate**, usada no chimarrão e no chá.

2. Leia o texto e responda.

a) Qual é a principal extração vegetal que se pratica no mundo?

b) Em que continentes estão os maiores produtores de madeira e papel?

Dica: consulte o planisfério.

c) Quais são os destaques brasileiros na extração de madeira?

3. Complete o diagrama a seguir com produtos da extração vegetal brasileira.

1 Usada como combustível.

2 Extraído da seringueira para fabricação de borracha.

3 Usado na fabricação de óleos.

4 Cera vegetal utilizada na fabricação de velas, tintas, vernizes e filmes.

5 Usada no chimarrão e no chá.

6 Utilizado na fabricação de óleos.

7 Usado como combustível.

8 Amêndoa extraída na região Norte e muito exportada.

					1		E						
			2				X						
				3			T						
				4			R						
		5					A						
		6					Ç						
	7						Ã						
8							O						

A EXTRAÇÃO ANIMAL

A pesca é uma importante atividade de extração animal, principalmente em países como o Japão, a Rússia, a China e o Peru.

O Japão é o país de tecnologia pesqueira mais avançada no mundo. É japonês o famoso navio-fábrica que pesca, prepara, conserva e até enlata o produto ainda em alto-mar.

A pesca no Brasil, como atividade econômica, é praticada no mar e nos grandes rios e lagos das bacias do Amazonas, Paraná, São Francisco e Paraguai.

4. Complete com o que se pede.

a) Exemplos de animais que antigamente eram caçados e hoje são criados para o abate:

b) Principais países que desenvolvem atividade pesqueira:

c) Bacias hidrográficas onde se pratica a pesca no Brasil:

A EXTRAÇÃO MINERAL

A extração mineral é a exploração de qualquer minério – mineral ou rocha, sólido ou líquido.

O ferro e o manganês, o cobre e o estanho, o alumínio e o chumbo são minérios metálicos encontrados em terrenos cristalinos.

O carvão mineral e o petróleo são minérios combustíveis, muito usados na queima para a produção de calor. Encontrados apenas em terrenos sedimentares, são materiais de origem orgânica.

O petróleo, extraído dos poços, pode ser transportado por caminhões-tanques, vagões-tanques, navios-tanques (petroleiros) e oleodutos até as refinarias.

Combustíveis como a gasolina, o querosene e o óleo diesel, óleos e graxas lubrificantes, ceras e parafinas, e uma grande quantidade e variedade de subprodutos são derivados do petróleo.

O alumínio é muito usado na fabricação de utensílios domésticos, como panelas, caldeirões e tambores, e na construção de estruturas metálicas para casas, como grades, portas e janelas.

O chumbo é utilizado como material tipográfico; como projétil ou munição na indústria bélica; como material de solda, juntamente com o estanho; em baterias ou pilhas; e em muitas outras aplicações.

O ferro e o manganês são minérios empregados na fabricação do aço e de outras ligas metálicas.

O cobre e o estanho são usados na fabricação dos equipamentos de eletricidade e de eletrônica.

Junto ou próximo às refinarias, desenvolvem-se as indústrias petroquímicas que fabricam borrachas sintéticas e plásticos, fibras sintéticas, como o náilon e o raiom, fertilizantes, inseticidas e muitos outros produtos.

> **Derivados** – produtos feitos a partir de outros produtos.
>
> **Oleodutos** – tubulações por onde se transportam petróleo e seus derivados líquidos.

Extração manual de sal, nas salinas de Macau, no Rio Grande do Norte.

PRODUÇÃO MINERAL – MAIORES PRODUTORES		
MINÉRIO	**NO MUNDO**	**NO BRASIL**
alumínio	Austrália e China	PA – MG – SP
carvão	China, EUA, Índia, Austrália e Rússia	RS – SC – PR
chumbo	EUA, Rússia e China	MG – PR – RS
cobre	Chile, Peru e EUA	PA – GO – BA
estanho	China, Bolívia e Malásia	RO – AM – PA
ferro	Austrália, Brasil e Chile	MG – PA – MS
manganês	China e Brasil	MG – PA – MS
petróleo	Arábia Saudita, EUA, Irã, Venezuela e Rússia	RJ – ES – RN
sal	China e EUA	RN – RJ

Fonte: Sumário Mineral 2012. Disponível em <www.dnpm.gov.br/conteudo.asp?idsecao=68&idpagina=2263>. Acesso em: mar. de 2013.

5. Observando a tabela acima, escreva entre parênteses **V** ou **F** conforme a afirmação seja verdadeira ou falsa, respectivamente.

a) (   ) Os países do Oriente Médio são os maiores produtores de petróleo do mundo.

b) (   ) O Brasil é o segundo maior produtor mundial de minério de ferro, com extração principalmente nos estados de Minas Gerais, Pará e Mato Grosso do Sul.

c) (   ) Quatro dos principais minérios extraídos no mundo têm os EUA entre os maiores produtores, especialmente sal e chumbo.

d) (   ) Os maiores produtores brasileiros de alumínio estão no sudeste do país.

e) (   ) A China está à frente do Brasil, dos EUA e da Rússia em produção mineral.

6. Complete as lacunas das frases a seguir.

a) O _____ e o _____ são minérios combustíveis resultantes da decomposição de materiais de origem _____ .

b) Nas refinarias são produzidos os derivados do petróleo como _____.

c) As indústrias petroquímicas fabricam _____ e _____, fibras sintéticas como o _____ e o _____, fertilizantes, _____ e muitos outros produtos.

d) _____ são tubulações por onde se transportam petróleo e seus derivados líquidos.

e) O _____ é usado na fabricação de panelas, _____ e _____, e na construção de _____ para casas, como _____, portas e _____.

f) Em baterias ou pilhas é usado o _____.

g) Na fabricação do aço são usados _____ e _____.

h) Nos equipamentos de eletricidade e eletrônica são utilizados _____ e _____.

7. Atribua a sigla correta para os países e os estados brasileiros a seguir:

CM – grande produtor de carvão mineral
PT – grande produtor de petróleo
S – grande produtor de sal
P – grande produtor de pescados
F – grande produtor de minério de ferro

_____ Japão

_____ Santa Catarina

_____ Rio de Janeiro

_____ Rio Grande do Norte

_____ Minas Gerais

_____ Peru

_____ Rio Grande do Sul

_____ Espírito Santo

_____ Austrália

_____ Arábia Saudita

Mato Grosso do Sul

Paraná

8. Quais são os países e os estados brasileiros que mais aparecem na tabela de produção mineral (página 111)? Identifique os minérios produzidos por eles.

9. Qual é o continente considerado subdesenvolvido que não está representado na tabela dos maiores produtores minerais?

10. Qual é o continente desenvolvido que não está representado na tabela dos maiores produtores minerais?

17. As indústrias de transformação

As indústrias de transformação são as fábricas que transformam qualquer tipo de matéria-prima em produtos de consumo (uso) e de produção (trabalho).

As alfaiatarias, que transformam tecido em roupa, os moinhos, que transformam milho em fubá, e as olarias, que transformam barro em tijolo e telha, são indústrias de transformação.

As indústrias de transformação eram, antigamente, do tipo artesanal, domésticas ou de oficina. Eram trabalhos manuais feitos pelos artesãos.

Na segunda metade do século XVIII e no início do século XIX, na Inglaterra, ocorreu uma grande mudança na maneira de produzir. Foi a Revolução Industrial, que deu origem à indústria maquinofatureira.

Indústria têxtil na década de 1930, em Jaraguá do Sul, Santa Catarina.

As principais causas da Revolução Industrial na Inglaterra foram:

- a existência de capital acumulado na atividade comercial;

- a existência de muitas matérias-primas, principalmente minério de ferro e carvão mineral;

- a evolução técnica, como a invenção da máquina a vapor e do tear mecânico.

A Revolução Industrial expandiu-se da Inglaterra por quase toda a Europa Ocidental, pela América do Norte e pela Ásia Oriental, que, atualmente, são as regiões continentais mais industrializadas do mundo.

Indústria em São Paulo.

1. A ilustração a seguir mostra um esquema dos principais fatores da Revolução Industrial dos séculos XVIII e XIX. Registre-os, baseando-se também no texto.

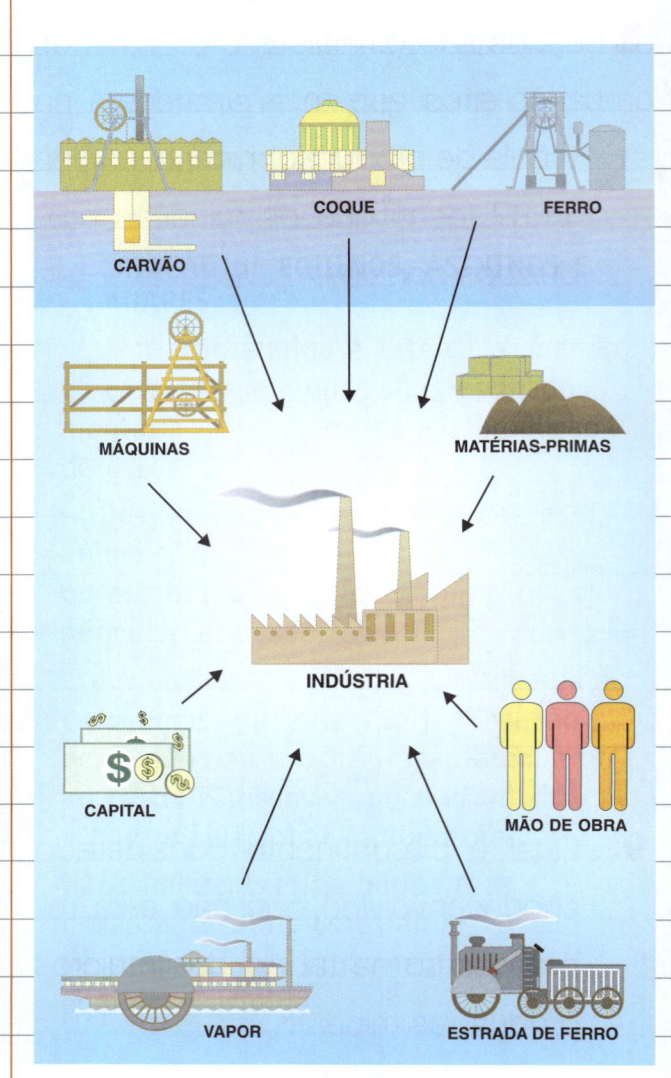

2. Compare as informações do gráfico a seguir com o texto e comente as semelhanças.

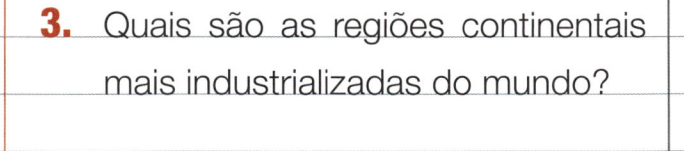

Estimativa do número de computadores conectados à internet por 100.000 habitantes em janeiro de 2000

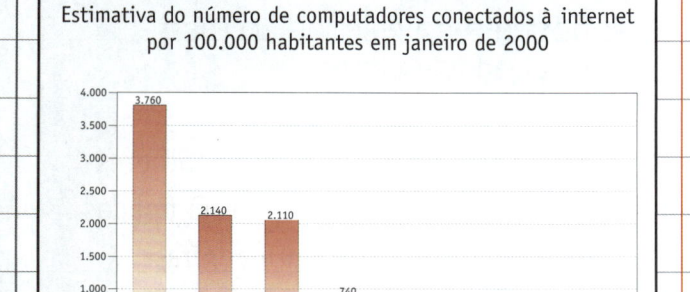

- Grã-Bretanha: 3.760
- Alemanha: 2.140
- Japão: 2.110
- EUA: 740
- Brasil: 260
- Peru: 30
- Paquistão: 3
- Quênia: 2

Fontes: http//www.isc.org/ e http:www.xist.org/

3. Quais são as regiões continentais mais industrializadas do mundo?

4. Em qual hemisfério estão localizadas essas regiões?

> Dica: consulte o planisfério.

5. Enumere e comente quatro condições essenciais para o desenvolvimento industrial.

OS TIPOS DE INDÚSTRIA

As indústrias de base ou de bens de produção fabricam produtos para outras indústrias, como matérias básicas (aço), equipamentos de transportes e de usinas de eletricidade, máquinas e ferramentas, estruturas metálicas e materiais de construção.

As indústrias de consumo ou de bens de consumo fabricam objetos de uso e produtos de consumo, como alimentos e bebidas, tecidos e roupas, remédios e perfumes, artigos de couro e móveis em geral, utensílios e eletrodomésticos, automóveis etc.

As fábricas que mais estruturam o desenvolvimento econômico do país são as indústrias de base ou de bens de produção, pois elas fabricam produtos para o trabalho e delas dependem as indústrias de consumo.

PRINCIPAIS TIPOS DE INDÚSTRIA

Indústrias de base ou de bens de produção

São as fábricas de:

- aço e alumínio
- trens
- navios
- aviões
- máquinas e ferramentas
- geradores e transformadores
- torres e pontes metálicas
- cimento, cal e tijolo

Indústrias de consumo ou de bens de consumo

São as fábricas de:

- produtos alimentares e bebidas
- tecidos e roupas
- calçados e cintos
- remédios e perfumes
- pratos, copos, panelas e talheres
- geladeiras, televisores e lâmpadas
- móveis de aço e de madeira
- automóveis

Indústria metalúrgica.

6. Quando o extrativismo é praticado de maneira estruturada, com tecnologia, ele recebe o nome de indústria extrativa.

Associe as matérias-primas e os produtos aos tipos de indústria.

A – indústria extrativa de recursos energéticos

B – indústria de bens de consumo

C – indústria extrativa mineral

D – indústria de transformação de bens de produção

( ) carvão
( ) locomotivas
( ) tecidos
( ) ferro-gusa
( ) minério de ferro
( ) petróleo
( ) navios
( ) aço
( ) manganês
( ) gás
( ) máquinas
( ) geladeiras

7. Dê um exemplo de matéria-prima, identificando o tipo de indústria que a transforma e o produto final.

8. Escreva, na frente de cada produto, o tipo de indústria que o produz.

a) cimento –

b) alumínio –

c) roda de aço –

d) ouro –

e) camisa –

f) torno –

g) barra de aço –

h) trator –

i) tinta –

j) macarrão –

k) ferramenta –

l) sapato –

m) graxa –

9. As indústrias de bens de consumo fabricam **produtos duráveis** e **produtos não duráveis**.

Classifique os produtos a seguir com as siglas das indústrias que os produzem:

IBCD = indústria de bens de consumo duráveis

IBCN = indústria de bens de consumo não duráveis

a) (   )   automóveis

b) (   )   roupas

c) (   )   alimentos

d) (   )   geladeiras

e) (   )   remédios

18. Transportes

Tipos ou meios	Variedades
terrestre	ferroviário rodoviário
aquático ou hidroviário	lacustre fluvial marítimo
aéreo	doméstico internacional

1. Complete as lacunas com as seguintes palavras:

> Rússia – Canadá – China
> Estados Unidos – transportes

O **transporte** é a principal atividade de integração econômica numa comunidade em desenvolvimento.
O problema dos _____ é um dos maiores desafios para o desenvolvimento econômico, principalmente nos países de grande extensão territorial, como _____, _____, _____, _____ e Brasil.

Dica: consulte o planisfério.

2. Ligue os meios de transporte ao ambiente em que circulam.

terrestre   ar

aquático ou
hidroviário   terra

aéreo   água

TRANSPORTE FERROVIÁRIO

O transporte ferroviário, em geral, é mais econômico porque transporta enormes cargas, de passageiros e de mercadorias, por grandes distâncias a baixo custo.

Embora o custo da construção da ferrovia e do equipamento ferroviário seja muito alto, o transporte ferroviário é muito desenvolvido em países extensos, como os Estados Unidos e a Rússia, e também nos pequenos países europeus e no Japão.

A quantidade de ferrovias existentes num país, chamada de densidade ferroviária, é dada em metros de ferrovia por quilômetro quadrado – m/km^2.

3. Leia o texto e preencha as lacunas.

a) O transporte ferroviário é econômico para _____ volumes de cargas que se deslocam por grandes _____.

b) Os metrôs mais movimentados do mundo são os das cidades de Moscou, na _____ ; Tóquio, no _____ ; Nova York, nos _____ e Cidade do México, no _____ . Todas no hemisfério _____ .

c) A ferrovia mais extensa do mundo é a Transiberiana, na _____ .

d) Os trens mais velozes são encontrados na _____ e no _____ .

4. Observe a tabela a seguir e responda às questões.

DESLOCAMENTO DE CARGA SEGUNDO O TIPO DE TRANSPORTE (ANO 2000)

País	Ferrovia	Rodovia	Hidrovia
Rússia	83%	4%	13%
França	55%	28%	17%
EUA	50%	25%	25%
Japão	38%	20%	42%
Brasil	**22%**	**64%**	**14%**

a) Qual país apresenta a maior parte de cargas transportadas em ferrovias em 2000?

b) Qual país tem a maior parte de cargas transportadas em hidrovias em 2000?

c) Qual meio de transporte desloca a maior parte das cargas no Brasil em 2000?

5. Observe o mapa das vias de circulação no Brasil (consulte o Miniatlas) e identifique as regiões com maior densidade ferroviária.

TRANSPORTE RODOVIÁRIO

O crescimento do sistema rodoviário de transportes no século XX foi consequência do grande desenvolvimento industrial na fabricação de automóveis.

Os Estados Unidos e o Japão fabricam, juntos, a metade dos veículos motorizados em circulação no mundo.

O transporte rodoviário apresenta custo bem mais elevado que o ferroviário, em virtude da menor quantidade de carga que transporta.

Apesar disso, deu-se, no Brasil, maior incentivo às rodovias. Adotou-se, a partir da década de 1960, uma política de transporte rodoviário para abrigar a frota de veículos que o país produziria.

A partir daí, os projetos ferroviários foram abandonados, exceto quando de interesse específico, como a exploração de minérios e o transporte de população urbana.

AS HIDROVIAS

As hidrovias são as superfícies líquidas, naturais ou artificiais, dos lagos, rios, mares e oceanos. São as vias por onde se movimentam canoas e barcos, jangadas, iates e navios.

O estabelecimento onde param os navios, para embarque e desembarque, é chamado porto. Conforme o local, o porto pode ser lacustre, fluvial ou marítimo.

Barcos e navios são fabricados e consertados nos estaleiros. Os estaleiros são estabelecimentos que pertencem às empresas da indústria naval.

6. Leia o texto e complete o diagrama a seguir.

1 Porto em um rio.
2 Superfícies que servem às hidrovias.
3 Porto em um lago ou lagoa.
4 Ambiente aquático de transição entre um rio e o mar.
5 Estabelecimento onde param os navios para embarque e desembarque.
6 Vias aquáticas por onde circulam os navios, iates, barcos, canoas e jangadas.
7 Veículos que transportam cargas e passageiros pelas hidrovias.
8 Porto estabelecido à beira-mar.

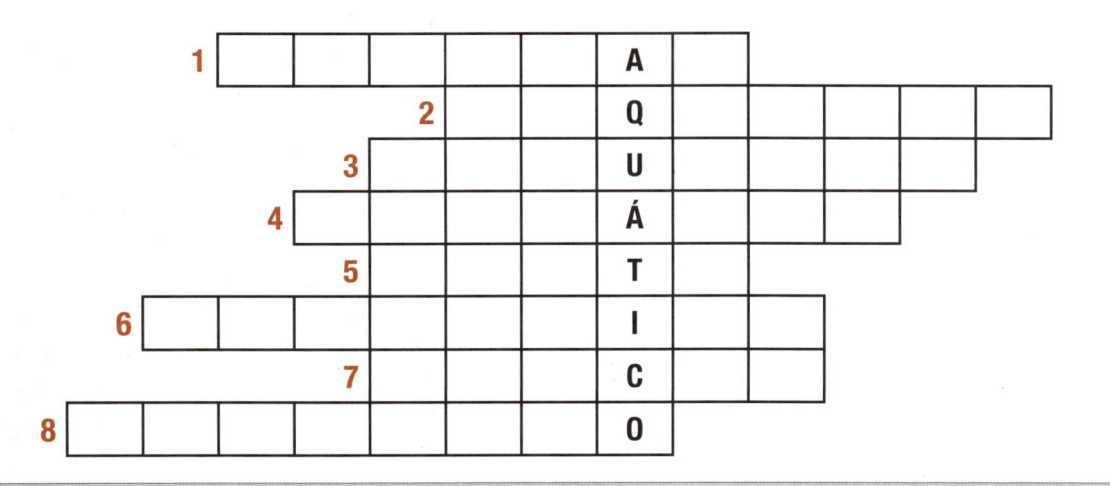

A NAVEGAÇÃO INTERIOR

A navegação interior é o transporte hidroviário feito nos lagos e nos rios.

A navegação lacustre é mais praticada na região dos Grandes Lagos, localizada na América do Norte (Estados Unidos e Canadá). Os lagos mais navegados no mundo são o Superior, o Michigan, o Huron, o Erie e o Ontário.

A navegação fluvial é mais praticada nos rios de planície.

Os rios mais navegados no mundo são o Reno, na Europa Ocidental (Alemanha, França e Holanda), e o São Lourenço, escoadouro dos Grandes Lagos.

No Brasil também existe navegação interior, principalmente nos rios das bacias do Amazonas e do Paraguai e em trechos dos rios São Francisco e Paraná, entre outros.

7. Leia o texto e faça o que se pede.

a) Observando o mapa das vias de circulação no Brasil (consulte o Miniatlas), identifique e localize os rios em que há navegação interior.

b) Identifique os maiores portos fluviais.

c) Identifique dois portos marítimos na região Sudeste e dois na região Sul.

A NAVEGAÇÃO EXTERIOR

A navegação exterior é feita nos mares e oceanos. É a navegação marinha ou oceânica.

A navegação marinha pode ser de dois tipos:

- de cabotagem ou de pilotagem, quando é costeira, acompanhando o litoral, sem atingir o alto-mar;
- de longo curso ou transoceânica, quando atravessa o alto-mar.

Para encurtar distâncias e evitar grandes voltas em torno dos continentes, foram construídos muitos canais marítimos. Os principais canais marítimos artificiais são o de Suez e o do Panamá.

O canal de Suez liga o mar Vermelho (no oceano Índico) ao mar Mediterrâneo (no Atlântico). Pertence ao Egito e é navegado pelos grandes navios petroleiros que saem dos países do Oriente Médio.

O canal do Panamá, localizado no istmo do Panamá, na América Central, liga o Atlântico ao Pacífico, passando pelo lago Gatún. Por causa da diferença de altura entre o nível do mar e o nível do lago, 26 metros, foi necessário o sistema de comportas ou eclusas, que se abrem e se fecham todas as vezes que os navios entram ou saem do canal do Panamá.

Canal de Suez, no Egito.

8. Leia o texto e complete as frases.

a) A navegação costeira recebe os nomes _____ ou _____.

b) A navegação que atravessa o oceano chama-se _____ ou _____.

c) Para encurtar distâncias, são construídos os _____.

d) Os principais canais artificiais do mundo são o de _____ e o do _____.

e) O canal de Suez pertence ao _____ e é navegado pelos grandes navios _____ que saem dos países do _____. Ele liga o mar _____ ao mar _____, ou seja, o oceano _____ ao oceano _____.

f) O _____ localiza-se no istmo do Panamá, na América _____. Ele liga o oceano _____ ao _____, passando pelo lago _____.

g) Os portos marítimos mais movimentados do mundo são: o de Marselha (na _____), o de Kobe (no _____) e o de Roterdã (na _____).

h) Os portos marítimos mais movimentados do Brasil são o de _____, em São Paulo; o de _____, no Paraná; o do _____, no Rio de Janeiro; o de _____, no Espírito Santo e o de _____, no Maranhão.

TRANSPORTE AÉREO

O tipo de transporte que progrediu mais rapidamente no século XX foi o aéreo.

As aerovias são as linhas aéreas de voos domésticos ou internacionais regulares, por onde passam as aeronaves da aviação civil ou comercial.

Os voos domésticos são realizados entre os aeroportos dentro do país, sem atravessar as fronteiras dos espaços aéreos dos outros países.

Os voos internacionais são realizados entre os aeroportos de países diferentes, atravessando as fronteiras dos espaços aéreos.

Os aeroportos internacionais mais movimentados do mundo são o de Londres (Heathrow), na Grã-Bretanha, e o de Nova York (J. F. Kennedy), nos Estados Unidos.

Os aeroportos brasileiros mais movimentados são: Aeroporto Internacional de São Paulo Gov. André Franco Montoro, em Guarulhos, São Paulo; o Aeroporto Internacional do Rio de Janeiro Antonio Carlos Jobim, o Galeão, no Rio de Janeiro; e o de Brasília, no Distrito Federal.

Avião decolando no Aeroporto Internacional de São Paulo Gov. André Franco Montoro, em Guarulhos (SP).

9. Leia o texto e complete as palavras cruzadas a seguir.

HORIZONTAIS

1. Cidade onde se localiza um dos aeroportos internacionais mais movimentados do mundo.
2. Voos que atravessam fronteiras dos espaços aéreos de países diferentes.
3. O aeroporto brasileiro mais movimentado fica em _____, São Paulo.
4. Tipo de transporte que progrediu mais rapidamente no século XX.

VERTICAIS

1. Linhas aéreas de voos regulares.
2. Aviões.
3. Voos realizados dentro de um país.

19. A atividade comercial

Comércio é a atividade econômica de troca, de compra e de venda de bens (mercadorias ou produtos, móveis e imóveis).

A troca direta de mercadorias, sem o uso do dinheiro, é um tipo de comércio chamado escambo ou barganha.

Para facilitar essas trocas e intensificar o comércio, foi criada a moeda.

A moeda é o dinheiro, em cédula (papel) ou metal (prata, cobre, níquel ou alumínio), que possui valor. O valor da moeda ou do dinheiro representa seu poder de compra.

A troca de moedas, por exemplo de dólar por real, é chamada câmbio. A relação matemática entre essas duas moedas é a taxa de câmbio.

A taxa de câmbio ou valor relativo de qualquer moeda varia muito no mundo atual. Algumas moedas aumentam de valor, outras diminuem; por essa razão, ao trocar moedas, precisamos saber a taxa de câmbio do dia.

1. Leia o texto e responda às questões a seguir.

a) O que é comércio?

b) O que é escambo?

c) Para que foi criada a moeda?

d) O que é moeda?

e) O que representa o valor da moeda?

f) Com a inflação, o poder de compra diminui. O que acontece com a moeda?

g) O que é câmbio?

h) O que é taxa de câmbio?

2. Consulte os jornais e descubra quantos dólares vale um real hoje, ou vice-versa.

OS TIPOS DE COMÉRCIO

Conforme a extensão geográfica do mercado, o comércio pode ser interno (nacional ou interior) ou externo (internacional ou exterior).

O comércio interno é praticado no mercado interior ou nacional, dentro do país, sem cruzar as fronteiras nacionais.

O comércio externo é praticado no mercado internacional ou exterior (entre países), cruzando as fronteiras dos países.

OS SETORES DE PRODUÇÃO

A economia, em geral, é formada por várias atividades organizadas em três setores principais: primário, secundário e terciário.

As atividades econômicas primárias, ou do setor primário, são a agricultura (ou plantação) e a pecuária (ou criação). As atividades primárias ocorrem, em sua maioria, no campo, mas já existem produções em contextos urbanos.

As atividades econômicas secundárias, ou do setor secundário, são as da indústria (ou da fabricação).

As atividades econômicas terciárias, ou do setor terciário, são o comércio e os serviços em geral.

3. Leia os textos e responda:

a) O que é comércio interno?

b) O que é comércio externo?

c) Predominantemente, as zonas rurais vendem _____ (alimentos e matérias-primas) para as zonas urbanas.

d) Predominantemente, as zonas urbanas vendem _____ ou industrializados para o _____.

e) Dê exemplos de estabelecimentos comerciais urbanos.

f) Dê exemplos de escambo.

O COMÉRCIO INTERNO: ATACADO E VAREJO

As mercadorias são vendidas e compradas de duas formas: no atacado e no varejo.

O comércio atacadista é a compra ou venda de mercadorias no atacado, isto é, em grandes quantidades.

O comércio varejista é a compra ou venda de mercadorias no varejo, isto é, por unidade ou em pequena quantidade.

Um sitiante ou fazendeiro (produtor), que planta banana ou laranja, vende sua colheita ou safra ao comerciante atacadista, que é chamado intermediário.

As vendas que o atacadista faz aos pequenos comerciantes podem ser no atacado ou no varejo. E as vendas que os pequenos comerciantes fazem aos consumidores (povo) são no varejo, isto é, por dúzia, quilo, caixa, porção ou unidade.

4. Leia o texto e responda às questões a seguir.

a) O que é comércio atacadista?

b) O que é comércio varejista?

c) O que faz o chamado intermediário no comércio?

d) O que são consumidores?

O COMÉRCIO EXTERNO E OS GRANDES MERCADOS

O comércio externo é feito entre países, no mercado exterior ou internacional.

Conforme a relação comercial de venda ou de compra, o comércio externo pode ser de dois tipos: de exportação e de importação.

A exportação é o comércio externo em que o país vende seus produtos nacionais ao mercado de outros países.

A importação é o comércio externo em que o país compra produtos estrangeiros.

A relação entre a exportação e a importação realizadas pelo país é chamada de balança comercial.

Conforme o resultado anual entre a exportação e a importação, a balança comercial do país pode apresentar-se em equilíbrio, em déficit ou em superávit.

Quando o valor das importações é maior do que o valor das exportações, a balança comercial é desfavorável e está em déficit.

5. Observe a tabela a seguir e faça o que se pede.

País	Exportações (bilhões de dólares)	Importações (bilhões de dólares)	Saldo da balança comercial (bilhões de dólares)
Estados Unidos	782	1.258	
Alemanha	552	500	
Japão	479	380	
França	298	305	
Reino Unido*	280	332	
Brasil	55	56	

Fonte: OMC – Organização Mundial do Comércio, 2000.
*Reino Unido: Inglaterra, Escócia, País de Gales e Irlanda do Norte.

a) Calcule o saldo da balança comercial de cada país em 2000, completando a tabela.

b) Classifique os países segundo o déficit ou superávit da balança comercial.

D = déficit   S = superávit

( ) Estados Unidos

( ) França

( ) Alemanha

( ) Reino Unido

( ) Japão

( ) Brasil

c) Qual desses países apresentou situação mais favorável no comércio internacional, em 2000? Justifique.

d) Qual desses países apresentou situação mais desfavorável no comércio internacional, em 2000?

OS REGIMES DE COMÉRCIO

A política comercial de um país em relação ao mercado exterior é o regime de comércio, que pode ser de dois tipos: livre-cambismo e protecionismo.

O regime de livre-cambismo do comércio é feito quando o governo facilita a importação, não cobrando impostos alfandegários sobre os produtos importados.

Esse regime permite a concorrência dos produtos estrangeiros com os produtos nacionais no mercado interno e não incentiva a produção nacional. Entretanto, a concorrência estimula a busca do desenvolvimento tecnológico para a melhora de qualidade da produção nacional.

O regime de protecionismo de comércio é feito quando o governo dificulta a importação, cobrando elevados impostos alfandegários sobre os produtos importados.

Esse regime protege os produtos nacionais da concorrência com os produtos estrangeiros e incentiva a produção nacional. Por outro lado, pode levar a produção nacional a uma estagnação tecnológica.

6. O regime pelo qual o governo facilita a importação, não cobrando impostos alfandegários sobre os produtos importados, é denominado:

a) protecionismo
b) "holding"
c) livre-cambismo
d) cooperativismo
e) antiprotecionismo

7. Em crise, com balança comercial desfavorável, os Estados Unidos adotam medidas de redução de importações, cobrando elevados impostos alfandegários sobre os produtos importados. Esse regime de comércio é denominado:

a) estagnação
b) globalização
c) livre-cambismo
d) protecionismo
e) embargo econômico

ANOTAÇÕES

MINIATLAS

PLANISFÉRIO – O MUNDO POLÍTICO

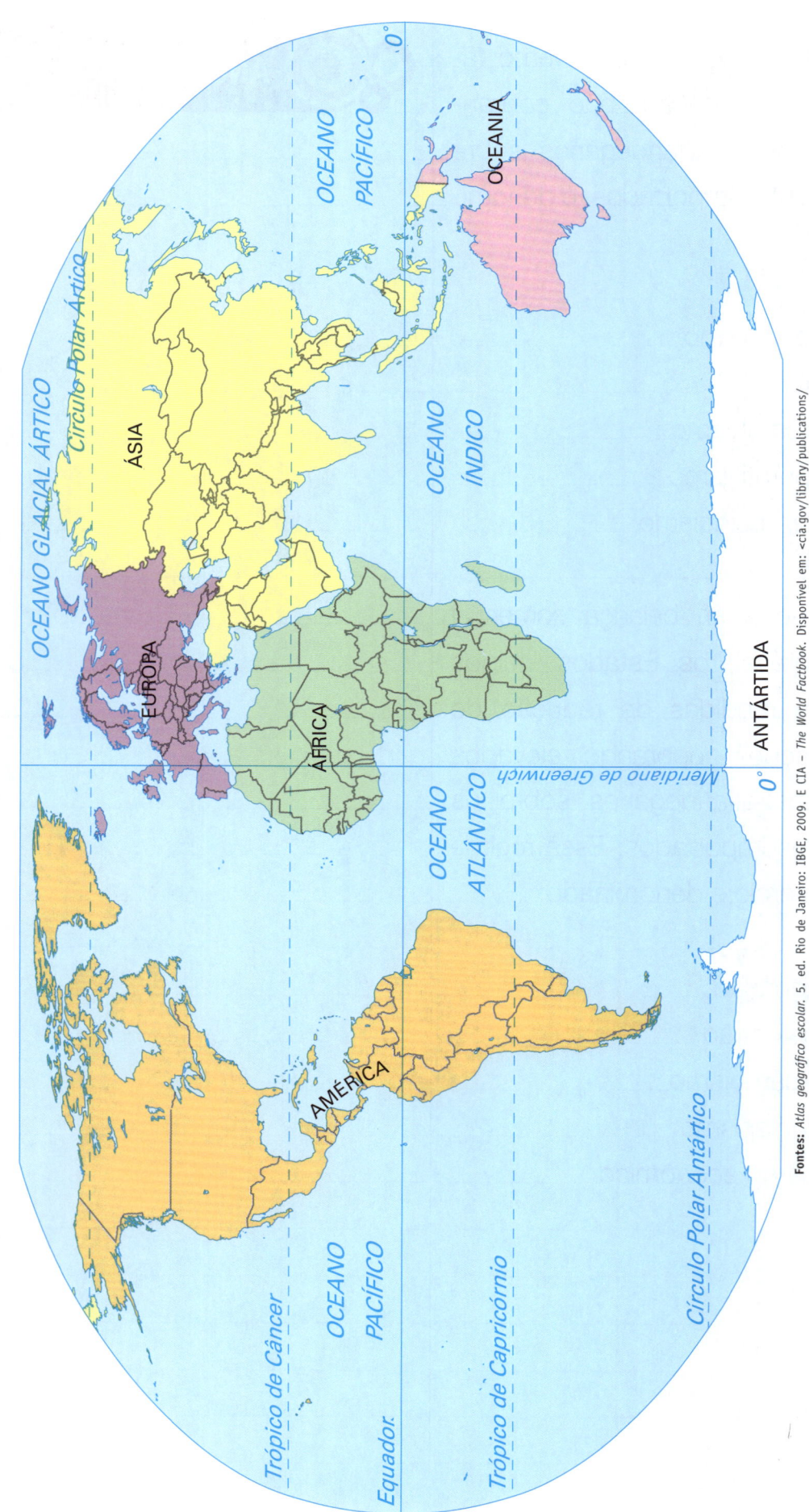

OCEANO GLACIAL ÁRTICO
Círculo Polar Ártico
ÁSIA
OCEANO PACÍFICO
OCEANIA
EUROPA
ÁFRICA
OCEANO ÍNDICO
0° Meridiano de Greenwich
ANTÁRTIDA
AMÉRICA
OCEANO ATLÂNTICO
OCEANO PACÍFICO
Trópico de Câncer
Equador
Trópico de Capricórnio
Círculo Polar Antártico

Fontes: *Atlas geográfico escolar.* 5. ed. Rio de Janeiro: IBGE, 2009. E CIA – *The World Factbook.* Disponível em: <cia.gov/library/publications/the_world_factbook/geos/od.html>. Acesso em: jan. 2013.

132

MINIATLAS

PLANISFÉRIO – O MUNDO FÍSICO

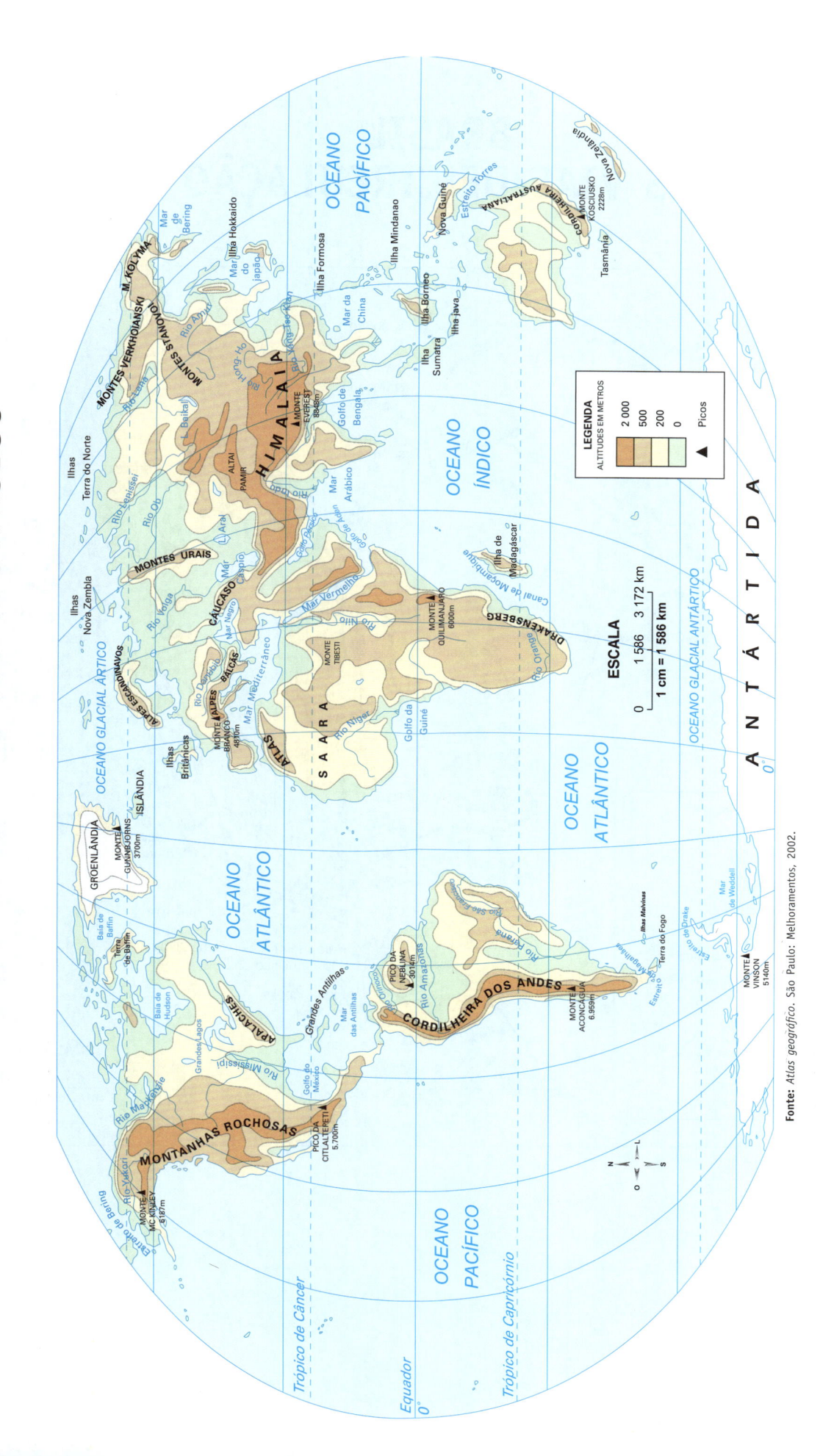

LEGENDA
ALTITUDES EM METROS
2 000
500
200
0
▲ Picos

ESCALA
0   1 586   3 172 km
1 cm = 1 586 km

Fonte: *Atlas geográfico*. São Paulo: Melhoramentos, 2002.

BRASIL
AS VIAS DE CIRCULAÇÃO

Fonte: SIMIELLI, M. E. *GeoAtlas*. São Paulo: Ática, 2002.

BRASIL
DENSIDADE DEMOGRÁFICA

Habitantes por km²
- menos de 1
- 1 a 10
- 10 a 25
- 25 a 100
- mais de 100

Fonte: *Atlas geográfico escolar*. Rio de Janeiro: IBGE, 2009.

ANOTAÇÕES